JN327873

よさこい魂　踊れば夢は叶う

扇谷ちさと

GENTOSHA

はじめに▼踊れば夢は叶う

この小さな一書は、ほんの小さな小さな存在でしかない日本の地方の一女性が、ダンス、踊りというパフォーマンス、自己表現を手がかりに、意地と度胸をエネルギーにしながら、「それは夢だよ、無理な話だね」と言われた目標を次々とクリアしていった道筋を描こうとしています。

偉大な先人が残してくれた言葉に「念ずれば花開く」がありますが、それになぞらえるならば、私の場合は「踊れば夢は叶う」ということになるでしょうか。

1962（昭和37）年に高知市に生まれた私は、踊りと歌が大好きで、ほうっておけば一日中、キャンディーズやピンク・レディーを真似て歌い踊っているような小学生でした。そして、夏になれば、高知の「よさこい鳴子踊り」に子ども踊り子隊として出るのが一番の楽しみ。社交ダンスが得意だったお父さんに似たのかねえ、などと言われながら、普段はにこにこと仲良しと遊んで暮らすまったく平凡な女の子だったのです。

ところが、人生は思わぬところに曲がり角があるものです。あるいは、よく「人生には上り坂、下り坂、そしてもう一つ、まさか、というものがある」と言われる、その「まさか」でしょうか。中学時代に両親の離婚という、子どもにとっては「まさか」な事態に遭遇し、世の中のすべてに見捨てられたと思えるような状況に急激に落ち込んでしまったのです。

そうなってからは、まさに波乱万丈、まずは喧嘩に明け暮れる日々となります。そして、勉強放棄のれっきとした硬派不良女子中学生の数年間。「ちさとは不良」、そうしたレッテルを貼られる中、1970年代半ばに始まったディスコ・ブームは高知にも浸透し、私ははからずも「中学生ディスコ・クイーン」のような存在になっていきます。

それが、私とダンス、踊りという自己表現の本格的な出会いでした。ダンスは、すさんだ私を「無」にしてくれたのです。

小学生での「よさこい踊り子隊」を助走路にして、中学生でディスコダンスに出会い、熱中し、その後ジャズダンスにハマり、そして、よさこいチームの主宰者になって……。今から振り返ると、「よさこい」を世界をつなぐ踊りに、という私の夢――「ドリーム夜さ来い」の道は、すべて「踊ること」を軸にしてつながっていたのだと思います。

でも、それは、人によっては「荒唐無稽」にも見える「ドリーム」だったのでしょう。いばらの道どころではなく、行く手に巨大な壁あり、落とし穴あり、水たまりあり、といったロング&ワインディングロードでした。

曲がりくねった長い道でした、と過去形で書いていますけれど、もちろん、まだ道半ばです。ですから、この一書は、私の「踊れば夢は叶う」道の途上の経過レポートとも言えるでしょう。

そして、その厳しい道を支えてくれたのが、信頼しあう仲間たちが与えてくれるパワーと私自身の「夢」にかける情熱、「不良」だ、「女」だ、「学歴なし」だとレッテルを貼って片付けてしまう人たちへの反発、そして「無理だよ、実現するわけがないよ、あきらめたほうがいいよ」と言った人たちへの意地でした。

「見よりよ、必ず実現するき」

「有言実行！　言うたことはやりきらんと」

こうした強烈な反発心と意地が、私の背中を押し続けてくれました。

もし、私のように、学歴もお金もコネも何もなし、まさに徒手空拳、ゼロどころかマイナスからのスタートで「夢」を叶えようとしている若い人々がいて、なかなかうまくいかなくて苦労苦心をしているとするならば、ぜひ、本書を最後まで読んでほしいなと願っています。

そして、夢に向かっての信頼・信用の育み方、情熱の維持の仕方、反発心の鍛え方、意地の張り方を本書から少しでも読み取ってくれたらうれしいな、と思っています。


一般財団法人ドリーム夜さ来い祭りグローバル振興財団理事長　扇谷《せんたに》ちさと

よさこい魂

踊れば夢は叶う▼目次

第1章▼「家庭環境」が突然変わった

第2章

ダンスが上手で、喧嘩が強い女子中学生

第3章 ▼ 「学歴」より「地力」と「地頭」。本格的にダンスの世界へ

第4章

19歳、よさこいダンスチームのリーダーから主宰者へ

第5章

扇谷ちさとの流儀

第6章 ▼ 世界のみんなの祝祭へ ニューヨーク・タイムズスクエアへの道

装幀／小松　学（ZUGA）
企画構成／谷村和典（編集工房・鯛夢）
協力／一般財団法人ドリーム夜さ来い祭りグローバル振興財団
DTP／美創

JASRAC 出 1511473-501

第1章

「家庭環境」が突然変わった

土佐の女は「はちきん」やきに

明治維新に大いに関わった土佐の男たち、ご存じの坂本龍馬や中岡慎太郎、武市半平太、あるいは岩崎弥太郎や板垣退助、こういった人たちの特徴的な性癖を「いごっそう」と言います。

いわゆる「土佐のいごっそう」。よく言えば、「一途」。まああの言い方をすれば「頑固」、見方を変えれば「偏屈」。悪く表現しようとすれば「迷惑もの」ということになるでしょうか。

自分の考えや方向性を信じて、ぶれずに突き進む。壁に当たってもひるまない。どうにかしてそれを突破してやろうとする。

そうした姿に何かしら胸を衝《つ》かれて、協力してやろう、力を貸してやろう、いい知恵を授けてやろう、といった奇特な共鳴者も現れてきます。

でも、一方では、今のままでいいじゃないか、何も波風立てることはないじゃないか、そういう平穏にあれこれ言いたてることは「迷惑以外の何物でもない」という人たちもいます。当然です。

土佐の「いごっそう」男たちにしても、別に「そのこと」に対して立ち上がり、走り出すこともなかったかもしれません。平和な、安定的な静かな暮らしと一生もあったはずです。

ただ、それじゃあ、何か面白くない。いったん言い出したことは実現させたい。実現させたあとの「新しい世界」を見てみたい。世の中、誰かが動くことによって何かが変わる、変わり得るということを実感してみたい。

「そんなこと、できるわけがない」と言われれば言われるほど、「見ちょれよ」という思いをつのらせる。だからこその「いごっそう」であり、一途であったのだと思います。

そのことは、反対側にいる人たちにとっては「まったく余計なこと」であったに違いありません。それも実によくわかります。ほんとに「ほんとにもうッ」だったことでしょう。

そうした、一途＝頑固一徹＝偏屈＝迷惑ものの男、土佐の「いごっそう」に対して、土佐の女の代表的な性癖は「はちきん」だと言われています。

「はちきん」とは何？　読者の多くはそう思われることでしょう。もちろん、土佐の高知の方言です。でも、最近はこの「はちきん」が国語の辞書にも載っているのです。私も最近知ってびっくりしたのですが、あの国民的国語辞書の『広辞苑』に「はちきん」の項目が確かにありました。そこには、こう書かれています。

●はちきん……（「八金」と書く。高知県で）女性が、向こう見ずで勝気であること。また、そのような人。

向こう見ずで、勝ち気な高知県の女性＝はちきん、ということ。確かにそうかもしれません。ただ、こういう説明だけでは、ではなぜそういう土佐の高知の女性のことを「八金＝はちきん」と呼ぶのかがちっともわかりませんね。

私の地元、高知のほうではこんなふうに「はちきん」を説明するのが一般的なようですがどうでしょう。

『広辞苑』の、「(「八金」と書く)」という但し書きが妙におかしいのですが、実はそこがポイント、もっと言えば「金」が問題、というわけです。

「男が一人で二金やろ」

「二金。そうか」

「二人分だと？」

「四金か。そうすると……」

「男4人分で、八金やろ」

つまり、その「はちきん」と呼ばれる女性は男性4人分に匹敵するくらいのスーパー男勝り、それに見合うほどの向こう見ずであり、勝ち気の持ち主だというわけです。あまり品のいいたとえではありませんが、わかりやすい話だろうとは思います。

いずれにせよ、そんじょそこらの男勝りではない、いごっそうの土佐男顔負けの、といったニュアンスも含まれています。

そして、私もこれまでの道のりの中で「はちきん」と呼ばれることが多くありました。そうした場面場面を思い出すと、そう言われても仕方ないかな、とは思っています。

ただ、最近はこんなふうにも言われるようになりました。

「扇谷さんは、まんきんやもんなあ」

まんきん（万金）とはよく言ってくれました。男5000人分、ですか。「それじゃあ、まるでお化けでしょう」ということで大笑い。まあ、そこまではいきませんが、土佐の女としては名誉称号として受け止めておきましょう、と思っています。

さらに、生まれ年が「寅《とら》」で、星占いの12星座が「さそり座」となると、ものすごい女だとイメージする人もいるようですが、私自身は、ただ、真っ正直、ウソが大嫌い、という生き方を通してきただけだと思っています。

もし、生来の性癖にちょっと勝ち気や強気、負けん気、向こう見ずが加わっているとしたら、それはダンス、踊りへの精進と人生のサンドペーパーが鍛えてくれたおかげだろうと納得しています。

それでは、私と踊り、ダンスと私の物語がどういうものだったのか、人生のサンドペーパーがどれくらい私の人生を尖らせてくれたのか、まずは小学生時代の高知市の街の風景を思い出しながら、書き始めてみたいと思います。

電車通りを踊りながら帰ってくる女の子

高知市には、はりまや橋の交差点を中心にして、東西に路面電車が走っています。現在は運営会社が別法人になりましたが、私の子どもの頃は土佐電鉄が経営する路線で、土佐電鉄は略称が「土電＝とでん」。東京から観光などで来た人が地元民の会話を聞いて、「高知なのに、とでん?」と目を白黒といった笑い話が残っています。

高知県民にとっては、この土佐電鉄の乗り物が「電車」であって、国鉄の乗り物は「汽車」。「電車で来た? 汽車で来た?」。こういう言い方で、両者を呼びわけていました。

この路面電車はかなり古い車両やヨーロッパの市街を走っていた「名車」などが活用されていて、鉄道ファンの間ではかなりの人気者とか。そういう電車がガタゴトと行き交うメインストリートは「電車通り」と呼ばれ、センターゾーンの電車線路の両サイドに車道と歩道をとっていますから、けっこう幅広い通りになっています。子どもの頃は、かなり広い道路だという感覚がありました。

春夏秋冬、南国土佐の高知は鮮やかに表情を変えていきますが、とりわけ夏の印象が強烈だと多くの人が言います。それも、8月9、10、11、12日の「よさこい祭り」の4日間。メインストリートの「電車通り」にも鮮やかな衣装を着た踊り子たちの姿があふれます。

全国から「本場のよさこい」に集まってくる踊り子たち。高知中が熱気に包まれる「よさこい鳴子踊り」は、子どもの私にとって一年で一番楽しいビッグイベントでした。

よさこい鳴子踊りを中心とした高知の「よさこい祭り」は、昭和29年、高知商工会の呼びかけで「戦後復興のさらなる活性化」と「徳島の阿波踊りに負けないような夏祭りを高知にも」という目的を持って始められました。

私は昭和37年の11月生まれですから、「よさこい祭り」が高知の祭りとして定着してきた頃に生まれたという感じだと思います。

その頃の「よさこい祭り」の踊りは、武政英策先生が作詞作曲された「よさこい鳴子踊り」に現在「正調」と言われている振り付けで踊るスタイル。現在のような踊りの振り付けも伴奏の音楽もフリースタイルになるなどということは想像もできませんでした。ただ、隊列を組んだ踊りで、鳴子を持ってそれを鳴らしながら前進する、という形は基本的に今も昔も変わりません。

ほんとに、自由闊達、創意工夫、あらゆるアイデアを詰め込んで、踊り手個人としても、またグループ全体としても最高のパフォーマンスを求めようとする今の「よさこい」の踊りに比べれば、昭和30年代から40年代前半の「よさこい鳴子踊り」はなんと素朴だったのだろうと思います。思い出せば、愛しくて涙が出そうです。

今や「正調」と呼ばれるようになり、古典扱いになった「よさこい鳴子踊り」。「よさこい」といえば、その踊りのことでした。

みんなが「よっちょれよ、よっちょれよ」の掛け声に手足の振りを揃えていた昭和40年代。そこには、飛び跳ねるように一心に踊っていた少女の私がいました。

その頃は高知市内の各商店街が踊り子隊を出していて、私の「よさこい」参加も地元商店街の子ども踊り子隊に呼ばれたのが最初です。大好きな踊りが踊れて、しかも練習に行くとお菓子とかアイスクリームとかご褒美がもらえる。こんなにいいことはありませんでした。ですから、楽しくて楽しくて仕方がない。

自分たちの出番が終わって家に帰るときも、何となくまだ踊りたい気分が残っていて、「おまんは、いっつもよさこいを踊りながら帰ってきたよねえ」と親戚のおばちゃんが言っていました。

そうした踊り好きは何もお祭りのときだけでなく、私にとっては一年中踊っていたい気分があって、学校からの帰りもいつもピンク・レディーやキャンディーズなどのヒット曲の振り付けを真似しながら踊っていたようです。

「電車通りをぴょんぴょん踊りながら帰ってくる子がおる。誰じゃろうと思うたら、いっつもおまんじゃった。踊っておれば機嫌がよかったよねえ」と近所のおばちゃんが笑っていました。そして、こう付け加えるのも、いつものことでした。

「お父さんに似たんやろねえ」

ダンス好きで、モテる父

父は、地元でも有名な「社交ダンス」好き。近所のおじさんやおばさんからは「白いスラックスと白い靴が似合う、楽しい男だったよ」という話をよく聞きます。

もともと高知県の郡部の町の出身で、大阪で着物の卸業をやっていました。そうしたときに、同じ町の出身で、大阪の大学で英語教師を目指していた母と出会ったようです。そうして二人は、恋に落ち、結婚ということになります。

ただ、母は学生ですから、親から勘当されたような状況。しかも田舎のことですから、そういう二人を見る目が温かいわけはありません。結局、二人で高知市で新婚生活を始め、そこで私が誕生した、ということになります。

でも、その暮らしは決して平坦で安定的なものではなかったようです。なぜか。たぶん、その原因の多くは父のほうにあったと思いますが、一つは、社交ダンスが大好きだったこと。それはもう、趣味の領域を超えていたと聞きます。

そうなると、もちろんお金もかかります。そして、よくモテたといいますから、きっと女性問題もあったことでしょう。

私はといえば、幼稚園に入る前からテレビの歌番組が大好きで、ヒット曲の歌と振り付けを見たらすぐ覚えてしまうような子。私がアイドルの真似をして歌って踊ると周りの大人たちが大喜びする。私もうれしくなって、もっと調子に乗って踊ってしまう。そんなふうにいつも私は踊っていたし、踊りは楽しいという自覚は、その頃から生まれていたような気がします。

そうしたとき、母はいつも「お父ちゃんそっくりや」とつぶやいていました。そして、そのつぶやきに明るい響きがないことも子どもも心に感じていました。

父の社交ダンス好きのことは先に書きましたが、きれいにリズムに乗って踊れる人はその当時はそんなにいなかったと思います。そして、着物の卸商をやっていたこともあってか、とてもおしゃれでした。

踊りがうまくて、おしゃれ。女の人にモテたのだろうということは、今はよくわかります。でも、子どもの頃の私は、そういう父がカッコいいとはまったく思いませんでした。

父は、酒は一滴も飲めないという、「酒の国」「酒豪ばかり」と言われる土佐の男としては珍しいタイプでしたが、よく遊び、実際、浮気もよくしたのだと思います。

別に、これはというような男前でもないし、すらっとしたカッコのいいおじさんでもない。商売も下手で、何か新しいことをしようとするのだけれど、決まって失敗する。ずっこける。でも、なぜか、モテる。ほうっておいても、モテる。ある種の色男。そういう人でした。

きっと、どこかチャーミングなところ、可愛いところがあったのでしょう。

たとえば、妻に知られたくないような遊びに行くときにお金が必要になって、そのお金を靴下に隠して出かけようとするのだけれど、すぐに見つけられる。何か企んでも簡単にばれてしまう。そうしたちょっとドジなところがある。そのあたりが逆にチャーミングだったのかもしれません。

「お父ちゃんの靴下、そのまま洗濯機に入れたらどうなるの」

母はそう言って笑っていましたが、母もそんな「ちょっとアホな」父が大好きだったのだと思います。でも、何をやっても商売的にはダメな人で、借金を作る、挙句の果ては女遊びをする、浮気をする……。母にはつらい、シヴィアな日々であったことは間違いありません。

両親の離婚がもたらしたもの

私が中学生になった頃、とうとうと言うべきか、やっぱりと言うべきか、父と母は離婚してしまいます。形としては、父が家を出ていった、ということです。

母と私と妹二人という女4人での暮らしが始まりました。子どもたちにとっては、まったく突然の「家庭環境」の変化でした。

それまで専業主婦だった母も必死に暮らしをどうするのか考えたのだと思います。いわゆる水商売関係のお仕事をするようになりました。

今なら、母のこの判断と選択は了解できます。でも、中学生になったばかりの頃の私は、そうした母の変化に戸惑ってばかり。どうしても理解することができませんでした。

夜になると、どこかに母が出かけていく。そういう毎日が始まりました。

私は三姉妹の長女ですから、妹二人の面倒を見ながら、そして母の布団を敷きながら、母の帰りをじっと待っているのですが、夜が更けてもなかなか帰ってきてくれません。そのうちにウトウトし始めて、はっと気がついて母の布団を見ると、まだ帰っていない。そういう日々の重なり。

「なんで帰ってこないんだろう」

子ども心にとっては、ただ母はどうしたんだろうと心配するばかりで、朝帰ってきたときなども、それがなぜなのか訊くこともできませんでした。

そうした時間がどれくらい過ぎたのでしょう。ある日、母が突然男の人を家に連れてきました。

「はっ、何これ？」

多感な年頃です。とてもこの事態を受け止めることも、受け入れることもできません。あまりに突然な、ということもあります。当たり前ですが、予想もしなかった、ということもあります。

いずれにせよ、受け止めよ、受け入れよ、と言われても、受け入れ方も受け止め方も、まるでわからない。わかることはそれだけです。

ただ、そうした行動をとった母がいやでいやでたまらない。母の「女性の部分」がわかり始めて、少女特有の潔癖感でそれがいやだったのかもしれません。でも、そのときは、ただわけのわからない、何とも言いようのない感情が渦巻いて、自分でどうしていいのかわからない、といった状態。

当然のように、母が連れてきた男性のことも到底受け入れることができません。だいたい、知らない男の人をうちに連れてくるなどということ自体が、私には信じられない。

そういうことを平気でやる母に腹が立ちましたし、怒りを覚えました。今思えば、母も決して平気でそういうことをしたわけではないだろうと理解できます。

でも、さまざまな事情があるにせよ、当時の私には絶対に了解できることではありませんでした。どこの世界でも13、14の女の子にはちょっと無理な話。ただただ、いやでいやで仕方がない。そういうどうしようもない感情を私に生じさせた母とそのおじさんのすべてが許せない。

真っ暗な毎日でした。

そして、そうこうするうちに母とそのおじさんは結婚するという話になりました。当然、母の姓も変わり、私たち三姉妹もそのおじさんの姓になる、というのが普通の流れです。小さかった妹たちは、この事態もどういうことやらよく理解できなかったでしょう。単に母についていく、というだけのことだと考えていたのだと思います。

結局、妹二人は母とともにそのおじさんの家に移り、姓も変わりました。

でも、私はどうしてもおじさんの姓になるのはいや。ちょっと口に出してみましたけれど、その姓に自分の「ちさと」という名前がくっつくことにどうしても違和感がある。気持ち悪さがある。

私はどうしても元のままの姓がいい。そうして、「家族」の中で私だけが父の姓を名乗り続け、孤立していくことになったのです。

子どもに「家庭環境」の責任はないけれど

両親の離婚、そして母の再婚。知らない「おじさん」と一緒に暮らせるのか。自分の姓が変わるというのはどういうことか。違う姓になるということはどういうことなのか。

その姓で生きてきたそれまでの十数年間が丸のまますべて否定される、そんな気がして、それではこれまで生きてきた今までの「自分」は何なのか、一体自分という存在は何なのか、といった迷い道に入り込んでしまうわけです。

深い哲学的な悩みがあるわけではありません。ただ、13、14歳ぐらいの年代の子どもにとっては、自分の姓が変わるということが、人生のきわめて大きな問題に思えて、自分を追いつめてしまう、そういう心模様がそれくらいの年代の女の子にはあるということを書いておきたいと思います。

逆に言えば、13、14歳くらいの女の子ができる「自分は何者であるのか」という証明は、何のなにがしと「姓名」を名乗るぐらいのことしか考えられないのです。ですから、その自分が自分であるという唯一の証明書「大谷ちさと」を剥奪されるということになれば、あとは「それじゃあ、私は何者?」という深い闇に迷い込むのは仕方がない話ではないでしょうか。

幼い妹たちも何かは感じていたのかもしれませんが、考えをもう一歩進めるということができる年代ではありませんでした。それが幸せだったと思います。

そうして妹たちは母と一緒に「おじさん」の姓になり、それを承服できない私は元のままの父の姓を使う、という家族分裂の状態になりました。

今考えてみると、なぜ元の姓、つまり父の姓である「大谷」にそれほどこだわったのかわからなくなるときがあります。ただ、母が新しい男性との新しい生活を選択したということが、そのまま以前の生活の全否定につながるような気がして、それへの反発が元の姓への固執という形で表れていたのかもしれません。母という存在への反発、母がとった行動への反発、ということです。

ただ、私が母と一緒に新しい姓に変わることを了解せず、その後も元の「大谷ちさと」としての人生を歩んだことが、不思議な結果をもたらしてくれました。30歳の時に結婚して現在の姓に変わるのですが、それが「扇谷」だったのです。

私を選んでくれた男性の姓が「扇谷」。入籍したその日から、私は「大谷ちさと」から「扇谷ちさと」に変わりました。そして、現在に続く「ドリーム夜さ来い祭り」の活動を続けているのは、言うまでもなく「扇谷ちさと」です。

この「扇谷ちさと」の名前を見て、中学時代の友人がこう言いました。

「ちさとちゃん、大谷の字を変えた?」

私が「よさこい」の活動をするために、一種の芸名のように「大谷」を「扇谷」に変えたのだと思ったそうなのです。

最初、この話を聞いたときは「エエッ、何? 何のこと?」と思ったものですが、そういえば「扇」は「せん」だけではなく「おうぎ」とも読むわけで、そうすると「扇谷」では「おうぎたに」と読めるわけです。「おおたに」と「おうぎたに」、似ていることは似ていますね。

さらに、2007年に人気落語家の林家木久蔵さんが、名前を息子さんに譲って、自分は林家木九扇と名前を変えるという話題がありました。

そのときに「木久扇」を「きくおう」と読ませる、ということも多くの人の印象に残りました。そうなると、「扇」を「おう」と読むのが国語的に正解なのかどうかは別にして、「扇＝おう」が通用し始めます。

このことを受けて、私の「扇谷」も「おうたに」と読む人も出てきて、ますます元の「大谷」に似てきたという話になりました。

結婚して「扇谷」になったのを知らない古い友人が、ときどき新聞などにも出るようになった「扇谷ちさと」という女がイコール「大谷ちさと」本人だと知ったときに、芸名ふうにちょっと姓の漢字を変えたんだと思っても仕方ないかな、という状況です。ほんとに、改姓の不思議な縁を感じている今日この頃です。

さて、それはさておき、中学生の頃の改姓に関するトラブルに話を戻すと、私のかたくなな改姓拒否が続く状況の中、母の機嫌がよいわけはありません。何とも気まずい空気が家庭内に充満したままの日々。

天候不順という言葉がありますが、我が家の場合は、まさに「家庭環境不順」。荒れ模様の「家庭環境不順」の日が続きました。

そうした「家庭環境不順」の状況を作っている元凶が自分だということがわかっているだけに、ますます私は居心地が悪くなる。子どもに「家庭環境」の責任はありませんけれど、面白いわけがなく、さらに意固地になって誰の話も聞かなくなる、といった悪循環に陥ってしまったわけです。

私としては、必死に自分で考えてよい答えを出そうとするのですが、何しろ幼い単純な頭です。考えの軸になるものがない。答えを出したいのに、どこにも、教えてくれる人がいないない。誰も答えを出してくれない。どうすればいいのか、まったくわからない。どういうふうに生きていけばいいのか、不安がつのるだけ……。

そのあたりから私の「不良の時代」が始まりました。子どもに「家庭環境」の責任はないけれど、です。

第2章

ダンスが上手で、喧嘩が強い女子中学生

「自分の居場所」を求めて

ちょうど中学の二年生から三年生になる頃でしたが、私は先に書いたような事情で家にいても居所がないような状況に陥っていました。

母とも口をきかないし、もちろん「おじさん」から声をかけられても返事もしない。何もやる気がしない。ふてくされるしかない。むなしいような、底なしの淋しさのような、真っ暗な感情が体中を覆い尽くしているのです。

そんなときに、自分の心を覗いてみると、巨大な暗闇。大きな穴がぽっかりと開いていて、どこからも光がさしてこない世界。そうやって自分の心の中を覗いてみた経験のある人にはわかってもらえると思いますが、巨大な無を感じてみると、どうやって自分が生きていることを確認すればいいのか、まるでわからなくなってくるのです。

このようなつらい状況は、私のような家庭環境不順だけでなく、いわゆる「いじめ」とか、学校やクラスから疎外されるということからも発生します。

そして、そうしたつらい経験をした人間は、たとえばある人はリストカット、ある人は摂食障害といった自傷行為によって生きていることを自分で確認しようとします。

もう一つは、たとえば人と殴り合うといった他傷&自傷行為で自分も痛みを感じ、そこから生きている実感を得ようとするのではないかと思います。

自分の「居場所」がなくなる疎外感、自分自身が何者かわからなくなる喪失感、そこから自傷、他傷といった普通ではない行為が始まっていくのではないか、と書きました。私の場合は、家庭環境の変化を納得できない、了解できない心情に関連して「不良生活」が始まったと言っていいでしょう。

私の「不良中学生」の時代は喧嘩上等の硬派女子中学生「大谷ちさと」で、殴り殴られの日々でしたが、実はそうした時代がダンスを軸にした暮らしに変わっていくきっかけになったのですから、人生は不思議です。

つまり、ちょっと変わった私の人生の不思議な曲がり角で、ダンスの世界への扉を用意してくれたのは、その硬派不良中学生時代の友人たちだったのです。ですから、今振り返ってみると、やっぱり人生を変える大きな要素は人との出会いなんだな、ということがよくわかります。

中学に入った頃は、小学生時代と同じ、機嫌よくニコニコと友達と遊んでいる、まったく普通の、そして歌と踊りが大好きな女の子でした。毎日、アイドルの歌を歌い、振り付けを真似て踊って過ごしていたのです。

ですから、今さら言っても仕方ありませんが、両親の結婚生活の破綻、家庭環境の不順がなければ、順調に真面目に学校に行っていたでしょうし、きちんと普通に勉強して大学にも進学していただろうと思います。

すべてを親のせいにするわけではありません。それでも、やはり家庭環境さえ整っていれば、たぶん、もっと違った道、人生があったと思います。

ともあれ、川べりで夕方まで四つ葉のクローバーを探しているようなハッピーな女の子が、喧嘩上等の、顔を斜めに傾けた目の暗い女子中学生に一気に変貌してしまうのですから、この年代の少年少女の感性の繊細さ、そして家庭環境という要素の大きさを改めて思わずにはいられません。

その時代の写真を見ると、そこには、数人の友人と一緒にいわゆる「ヤンキー座り」をして、顔を斜めに傾けて、暗い目で何かをにらみつけている女の子がいます。何を一生懸命にらんでいたのだろうか、と思うと、その頃の私がとても愛おしくなってくるのです。

そして、そんな私と一緒に写真に写っている数人の女の子たちも、世間からは「不良」と言われた女子中学生たちですが、私にはかけがえのない仲間でした。そして、私と同じように、「自分の居場所」をなくした子どもたちでした。

深まる疎外感と荒れていく日々

私の場合は、先述のように、典型的な「家庭環境不順」から発生した不良でした。簡潔に言えば、疎外感。誰も私を必要としていない。みんな自分のことにかかりっきりで、誰一人私の存在を認めようとしない。要するに、私はこの世に必要のない人間なのだ、必要とされていないんだ。

ならば、めちゃくちゃなことをしても誰にも迷惑はかからないだろう。誰も泣きはしないだろう。中学二年生あたりから、素行が悪くなっていったのは、そういう気分から出たことではありました。

ただ、それは逆に言えば、荒れることで誰かに注目してもらいたい、私のことをもっとよく見てほしい、というサインだったのだと思います。

1960年代の後半に発表された歌で、青山ミチさんという黒人とのハーフ(当時は「混血児」という言い方が一般的でしたが)の女性歌手が歌っていた「叱らないで」という曲があります。今では日本のスタンダード、幻の名曲などとも言われますが、この曲は彼女自身の素行問題などともリンクして、歌詞そのものがかなりリアリティを持つものでした。

「あの娘がこんなに　なったのは　あの娘ばかりの　罪じゃない」という歌い出しで、このあと「叱らないで　叱らないで」というリフレインが入ります。後年、この歌を聞いたとき、この歌はまさにあの中学生時代の私のことを歌っているのではないかと思えて、身に染みたものでした。

中学二年が始まるあたりまでは何とか真面目に学校に行っていたのですが、次第に学校にも行きたくなくなり、学校に行ったとしても喧嘩をしてばかり。チェッカーズのヒット曲「ギザギザハートの子守唄」に、ナイフみたいに尖っていて、自分の周りのものをみな傷つけていた、という内容の歌詞がありますが、まさにその頃の私は尖りに尖っていて、突き当たれるものを探していたような気がします。

そうなると、仲良くしていたクラスメイトも一人、二人と離れていって、最後は完全孤立。そうなればなったで、そういう状況そのものが気に入らない。さらに荒れる。最悪の状況に自分で自分を落としていく……。

ただ、私の場合は不良といってもいわゆる「硬派」系で、喧嘩に明け暮れる毎日。万引きとか、シンナー遊び、あるいは暴走、不純異性交遊と言われる「非行」とは一線を画しているという自覚はありました。

言ってみれば、ひたすらの喧嘩。誰かと喧嘩したい。喧嘩して、何か知らんけれども腹の底あたりにたまっている鬱屈を発散させたい。喧嘩をすればすっきりする。それだけ。ですから、警察の御厄介になったことは一度もありません。

そんなことは自慢にも何にもならないと言われればそれまでではありますが、その一線を画する不良だというのは、わずかながらでも私たち硬派の誇りでもありました。

今でも当時の硬派不良仲間の同窓会のような集まりがあるときには、「男遊びとか、シンナーとか、法に触れるようなことは私らは一切やらんかったよねえ。それだけは言えるよねえ」といつも語り合っているのです。

それにしても、それほど体格がよかったわけでもなく、腕力に自信があったわけでもないのに、よくあれほど喧嘩をしたものだと思います。気合いだけ、だったのかもしれません。

自分の中学だけでなく、よその中学まで遠征に行く。町の中でも喧嘩相手との出会いを求める。その中には、いじめの中心人物とか、威圧的な態度でおとなしい人たちを支配している人物とか、そういう「目立つ悪」相手の「悪者退治」的な気分でやったものもありました。

「喧嘩上等」の硬派不良女子中学生

まず、自分が行っているA中学校の中での喧嘩。別の不良グループの中で目立っている子、とんがっている子、不良グループではないけれどいきがっている子、生意気な言動をしている子、そういう子を喧嘩のターゲットにして下校時に校門の前で待っています。

「ちょっとあんた、こっちへきいや」

校門を出たところで相手にこう呼びかけて喧嘩が始まります。といっても、その場ですぐに殴り合いになるというわけではありません。

私たちの場合、いわば「喧嘩スタジアム」がありました。高知市を東西に流れる鏡川。

この川は土佐が生んだ幕末のヒーロー、坂本龍馬が子どもの頃に水泳の稽古をしたところとしても知られていますが、その向こうに筆山《ひつざん》という小高い丘があります。その山影が、私たち硬派不良の喧嘩の主戦場。

あるいは、鏡川の奥の「忠霊塔」の裏。戦争で亡くなった方々の霊を慰め、平和な世の中を祈念しましょうという塔の脇で若い女の子がくんずほぐれつで殴り合っているのですから、とんでもない話。罰当たりといえば罰当たりな所業ですけれど、私たちにとっては人が来ないところ、というのが一番いい条件なのですから、そういった場所が高知の不良の伝統の喧嘩場になっていたわけです。

喧嘩のスタイルは、基本的に一対一。今では一般の人でもわかる不良用語になったようですが、いわゆる「タイマン」勝負です。これはグループ同士の喧嘩であっても変わりません。双方のグループが喧嘩場に集まって、勝負は代表同士、一対一で決着をつけるという形です。

武器は使いません。すべて素手での殴り合い、しばき合い。殴る、というのはグーでのパンチ。しばく、というのは平手での強打。そういったニュアンスでしょうか。

土佐の「はちきん」女の要素の重要ポイントに勝ち気、強気がありますから、女子中学生とはいえ、小型「はちきん」同士の喧嘩はなかなか勝負がつきません。そのうちに二人とも疲れ果てて、夜のとばりが下りる頃になると、どちらともなく「やめるか」という話になっておしまい、ということが多かったように思います。

そして、冬場は喧嘩はやらない。寒いから、冬は休戦期間、というのも南国土佐の子どもらしい話です。

そうした中、ぐちゃぐちゃに疲れ果てるまでの喧嘩ではありますが、一つだけ暗黙のルールがありました。それは、お腹は殴らない、蹴らない、ということ。やはり、お互いに女性の体なんだ、ということはどんな不良でも了解し合っていたわけです。

転校して、さらに不良度がアップ

そうした喧嘩の日々の私に、ちょっと変化が訪れます。転校です。

中学三年の一学期が始まろうとするときに、それまで通っていたA中学からちょっと離れたところにあるB中学に転校することになります。

表向きは、母の再婚相手のおじさんの住所がB中学の近くだったので、そちらが現住所だとすれば学区的には私はB中学校に行かなくてはいけない、という話でした。

あまりに私がA中学校で荒れるものですから、ちょっと環境を変えたほうがいいのではないか、そうするとひょっとしたら事態が好転するかもしれない。そんな淡い期待もあったのかもしれません。つまり、私のためにいいように、と大人たちが考えてくれた方策です。

ただ、私はそれは表向きのことで、実際は、荒れる私を持てあましたA中学校からの追放、体《てい》のいい「厄介払い」だな、というふうに受け止めていました。

A中学校の先生には嫌われました。それも、もっともだと思います。暴れまわる生徒は、嫌われて当然です。ただ、もう少し、話を聞いてもらってもよかったのではないかなあ、という気はします。

まるでさわらぬ神にたたりなし、といった感じで、ひたすら避けて通るというのが基本方針だったようです。ですから、ちょうど三年生の一学期という受験前の大事なタイミングでの私の転校話は、A中学校にとっては朗報、これほどいい話はなかったのではないでしょうか。

そうして、はりまや橋の南側にあるA中学校から高知城の西側にあるB中学校に転校することになりました。転校して、大人の期待通り、事態は好転したでしょうか。

大体、こういうことは大人の思惑通りにはいかないもので、期待とは逆に、私はその不良ぶりをいっそう深めることになったのです。

B中学校に行ってみると、それまでのA中学校の不良仲間が可愛らしく思えたくらい、そこには本格派の不良たちがぞろっといました。

実際、A中学校のときの仲間たちは「ちょっとヤンキーしてるかな」ぐらいの感じだったのですが、B中学校の連中は、この喧嘩三昧の私が「こりゃあ、不良だわ」と思ったレベルの硬派女子が勢ぞろい。クラス全員が不良か、と思えるような迫力。こういう連中に比べたら、A中学校の仲間がみんな真面目な中学生に見えるわ、と心の中で笑ったものでした。

実は、このB中学校の「本格派」の不良たちのほとんどは、「知っている連中」でした。それというのも、私がA中学校にいるときにB中学校の硬派不良女子たちが殴り込みをかけてきたことがあって、そのときに正面から喧嘩を買って出たのが私だったのです。

昭和50年代の前半、それぞれの中学校で硬派の不良グループが台頭していて、お互いに「今日はどこの中学校に殴り込みに行く？」というのが流行っていました。そういう流れの中で、B中学校の連中が私がいたA中学校に「殴り込み」をかけてきたのです。

ですから、当然といえば当然なのですが、B中学校のその連中も私のことを知っていました。

「今度、あの大谷ちさとがうちに転校してくるらしいで」

「エエッ、ほんま？」

そんなウワサをしていたというのです。

私のほうは私のほうで、不良はいるだろうなとは思っていましたが、いきなりそんな連中と同じクラスになるとは思っていませんでした。

「あ、あんた、あのときの……」

「やっぱり！」

そんな感じの対面でした。そして、一気に意気投合。すぐに、仲間になりました。今でもほんとの親友、心の友と言える友人です。みんな、複雑な家庭環境、「家庭環境不順」の状況を抱えた子どもばかりでした。

無視された者たちの集い

ただ、このB中学校での生活も、結果的には三年生の一学期だけでおしまい。環境を変えれば私の暴れぶりも変わるかもしれない、という思惑が逆に一層の不良ぶりになってしまい、その仲間もさらに増えたのですから、どうしようもありません。

また、二学期から元のA中学校に戻るということになってしまいました。私としては、心から付き合える仲間ができたB中学校にいたい。A中学校には戻りたくない。

私は「A中学校には帰りたくない。どうしてもB中学校にいたい。どうしてこのままB中学校におったらいかんの？　どうして？　どうして？」と、抗議の声を上げ続けました。でも、学校同士でいったん決まったことが覆るわけがありません。

承知したくない私は、泣きわめくような状態でした。そうしたときに、担任の先生が、とても親身になって対応してくれたのです。

B中学校の先生方も、私の転校に関しては「A中学校から困った奴が来る」ということで、腫れ物にさわるような扱いだったと思います。私のほうも、そういう特別視が感じられると、余計に荒れる。そういう悪循環だったわけです。

ただ、その男の先生だけは私のことを本当に気にかけてくれて、心配してくれました。家庭環境のこともご存じで、私が何をしても怒らず、認めるところは認めようと辛抱強く話を聞いてくれたのです。あれくらい私の話をきちんと聞いてくれたのは、この先生だけだったと思います。

いや、きっとその先生も私が悪さをしたときには叱ったり注意をしたりしてくれたはずです。でも、私には先生に叱られているという感覚はなくて、中学に入ってから初めて先生という存在とコミュニケーションがとれている、といった印象でした。

信頼関係ができる、というのはそういうことなのだろうと思います。

そうして、その先生は「とにかく、いったん家に帰ろうか」と言って、私を愛車のスーパーカブの後ろに乗せて、家まで送り届けてくれました。私はそのとき、久しぶりに大人のやさしさを感じて、カブの後ろの座席で先生にしがみつきながら、涙を流し続けていたのでした。

結局、三年生の二学期からまたA中学校に通うことになったのですが、先生たちの目の冷たいこと。「なんで戻ってきたんだ」と言わんばかりの対応で、ほとんど無視状態。

叱るも注意するも、「勉強しなさい」も、「卒業後はどうするの」も、まったくなし。私が少なくとも義務教育課程の中学三年生であることなど忘れてしまったかのような日々。子どものほうにどうにか認められたいという気持ちがあったとしても、これでは孤立を深めるしかありません。

「不良」というレッテルをいったん貼られると、それをはがすのはなかなかむずかしい。そして、人はレッテルで人を判断するもの。このことへの反発が、その後の私の生き方の基礎を作ってくれたように思っています。

また、人間というのは不思議なもので、人が「あの子は不良や」というレッテルを貼ると、貼られたほうも「そうや、私は不良や」という感じで、期待に応えるというわけではないでしょうけれど、ますますレッテル通りのことをやってしまうというところがあるようです。レッテルの魔力、言葉の魔力とでも言うのでしょうか。

クラスに戻っても、昔の仲間はみな様変わり。高校の受験勉強に必死になっています。私の友達は誰一人いない。状況はさらに悪化してしまいました。

私もそれはある程度予想はしていました。でも、現実にそうなるとやはり「面白くない」。今さら勉強しようとしても、さっぱりわからないので、無理。

こうなると、もう心ここに在らずで、A中学校での授業中は死んだふり。放課後になればすぐに、たくさんの仲間がいるB中学校に向かってチャリンコをこぐという毎日となったのです。

世間では、「悪さばっかりする子たちや」「あんな不良らと付き合うたらいかんぜよ」と言われている連中でも、私にとってはかけがえのない仲間たち、本当に心を開いて語り合える親友たち。そこに向かって駆け出していくのは当然のことで、それは、卒業式の日まで続きました。

そこにいるのは、私と同じような「心の穴」を持った者たち、認められたいのに無視され続けてきた者たち。そういう仲間が「不良」というレッテルに対して、逆に居直るようにして結束を固くしていく。今ふうの「絆」のような美しいものではありませんが、確かに私たちの集まりには「こうやって集まっていたい」何かがありました。そして、夕暮れまで仲間たちと遊び、日が暮れるともう一つの楽しみが待っていました。ディスコです。

14歳でディスコ「顔パス」

「ディスコ」といっても、今の若い方々はもうほとんどわからないかもしれません。ちなみに、ということで『広辞苑』を引いてみますと、こんなふうに書かれています。

●ディスコ……（ディスコテーク　discothèque〈フランス〉の略）レコードなどの音楽に合わせてリズミカルでテンポの速い踊りを楽しむ店。

店舗の中で音楽を流し、それに合わせて客が踊るということでは、現在の風営法の中で「クラブ」という呼び方で示されているものがあります。この「クラブ」の、もう一時代前の姿を「ディスコ」と言ってもいいでしょう。

でも、私たちの年代にとっての「ディスコ」は、独特の響きで胸に甦ってくる、独特の空間なのです。

1968（昭和43）年に東京の赤坂と歌舞伎町にできた「ムゲン」や、赤坂の「ビブロス」といった有名店がディスコの走りだと言われています。

その後、日本のダンスミュージックの歴史の中で、1975年から1979年、昭和でいえば50年から54年にかけてディスコ・ブームというものが起こります。

その中心にあったのが、映画『サタデー・ナイト・フィーバー』の大ヒット。主演のジョン・トラボルタの迫力のあるダンスとともに「フィーバー」という言葉も流行語になりました。「みんなで踊って盛り上がろうぜ！」＝「フィーバー！」でした。

この「フィーバー！」の叫び声とともに、大音響で音楽を流し、踊れる店「ディスコ」が全国に次々と生まれました。そして私たちの町、高知市にも何店か、このディスコができていたのです。

中学三年生、14歳から15歳の、喧嘩に明け暮れていた私たち硬派不良女子グループの中にも、音楽や踊りが好きな子が何人かいて、この「ディスコ」という新しい遊び場に興味を持って出入りを始めていました。

はりまや橋の交差点近くのあの店、中央公園そばのこの店。繁華街「帯屋町筋」のあの店、グリーンロードのこの店。ハーレクイーン、パルコ、ソールオン、ダンパー、アメリカ広場……、中でもパルコは、私が常連として通う店になっていきました。

今ほど風営法が厳しい時代ではなかったとはいえ、やはりアルコールも出す場所ではあるし、深夜営業ということもあって、当然のことながら中学生がおおっぴらに出入りしていい場所ではありません。

それでも、面白そうな場所に行きたくなるのは思春期の子どもたちの常で、私も友達に誘われて出入りするようになり、いつしか「顔パス」になっていたのです。

もちろん、ディスコに入るにはお金が必要です。でも母親と絶縁状態のような私に満足なお小遣いなどあるわけがありません。友達もそのことはわかっています。そこは承知で私に「踊りに行こ！」と言って誘い、私の分の入場料も払ってくれるのでした。

これが、私とダンスの出会いでした。そして、結果として人生の曲がり角になりました。私にとってディスコ・ダンスは、何もかも忘れて自分を無にできる、素晴らしい世界だったのです。

私をディスコに誘い、なおかつ入場料も払ってくれた友人に大感謝です。

これまでに経験した何よりも、面白い！　文句なしに、楽しい！

私をディスコに誘った友人も、私がそれほど熱中するとは思っていなかったかもしれません。でも、踊り始めた私は、小学校の頃のあの無心に、時間を忘れて踊っていた自分を思い出していました。

体も、心も解放されていきました。解放されて、無心になっている自分に気がつきました。楽しい。そういう感覚を確認したのはほんとに久しぶりのことでした。

振り付けなどを覚えたわけではありません。また、流行りのダンスに興味があったわけでもありません。まったくの自己流。よく言えばフリーダンス。私はそういうダンスを踊りたい。それだけ……。

それでも私の踊りは目立ったのでしょうか。たちまち「ディスコ・クイーン」的な存在になり、お店の方も「お、来たか。踊っていきや」という「顔パス」状態になっていったのです。

「踊ってすべてを忘れたい」という少女の事情

最初にディスコに行ったのは中学三年生の、A中学校からB中学校に転校した二学期ですから、15歳になるちょっと手前くらいだったと思います。B中学校の仲間が誘ってくれました。

今考えればちょっとあぶなっかしい話ですが、当時は風営法適用の店だとか、どんな人が出入りしているかわからないぞとか考えたこともなく、ただ、大音響に埋もれるようにしてひたすら踊る快感に、すっかりはまってしまいました。

先に紹介した『サタデー・ナイト・フィーバー』の「恋のナイト・フィーバー」やアラベスクの「ハロー・ミスター・モンキー」、他に「ジンギスカン」、ヴィレッジ・ピープルの「Y.M.C.A.」といったヒット曲などを大音量でガンガン流して、踊りまくる。

お店も、生バンド、ディスクジョッキースタイルなど、それぞれに音楽的方向性を出していましたし、場所的にも地下あり、ビルの中の2階あり5階あり、広さもさまざまといった具合に、それぞれの店が特徴を競い合っていました。

放課後、不良仲間で集まってひとしきり遊んで、午後10時ぐらいからディスコに繰り出します。

身長はもう現在と同じくらいになっていましたが、ともかくまだ子どもですから、まともなメイクなどしたことがない。それでもディスコに出かけるときにはヘタくそなメイクをして、イミテーションのアクセサリーをジャラジャラつけまくって、太い輪っかのイヤリングをつけて、下はスカートではなくてパンツ。今考えれば奇抜といえば奇抜、めちゃくちゃといえばめちゃくちゃではありますが、それが当時流行りのディスコ・ファッションでした。

店内は基本的に大人の世界ですから、お酒もたばこも自由。ただ、私はそういうものは苦手で、カッコつけで口にするふりをするだけ。

ただただ踊りが好き、ひたすら踊りたい。踊れば踊るほど無の世界に入っていける。いやなことも、つらいこともすべて無にしてくれる。しかも、体も心も解放していく快感がある。もうやめられない……。そんな感じを毎夜毎晩、追い求めていました。

中学生のこういう行為は、もちろん補導の対象になるのでしょう。けれども、こういうのをツイているとか運がいいと言うのかどうかわかりませんが、幸いにして一度も補導された記憶がありません。

ですから、ディスコは、私にとってはただただ楽しくて、ダンスの奥深い魅力を実感させてくれた素晴らしい世界ということになっているのです。

今でも、当時の友達と高知で会って食べたり飲んだりして同窓会気分を味わったあと、ちょっと汗を流しに行こうか、というノリでディスコへ、いや、今はクラブという呼び方ですが、そうした店にみんなで踊りに行って楽しんでいます。

三十数年前、私がディスコに出入りし始めた頃に流行っていた踊りは、ステップダンス。東京・原宿で踊って大注目を浴びた「竹の子族」という集団がいましたが、彼らがやっていたダンスがステップダンスです。

これは、一定の振り付けをみんなで一緒に踊るというものですが、私はみんなが揃ってステップダンスを踊っている横で、一人で勝手に踊っていました。カッコよく言えばフリーダンスですが、まあ、好き勝手なステップです。ただ、私は自由に踊る表現のほうが好きだから、ということでした。

きちんとダンスを習った人やほんとにうまい人から見たら、めちゃくちゃな、ヘタなダンスだったのだろうと思います。でも、みんなが揃ってステップダンスをやっているところで、それと違うダンスを気持ちよさそうに踊っている子がいる、ということで「中学生ディスコ・クイーン」的な注目を浴びたのでしょう。

でも、私としてはダンスの世界は誰にも束縛されずに自分自身を解放することができ、何もかも忘れて無になれるというのが何よりも大事なことでした。

それは逆に言えば、中学三年生の15歳の少女が「踊って、何もかも忘れたい」というような状況にあったということです。

私はそのとき、「私は、親に捨てられた」と思っていたのです。

第3章

「学歴」より「地力」と「地頭」。本格的にダンスの世界へ

「あんたは、どうする？」

「私らは新しい家へ行くけど、あんたはどうする？」

中学三年生のあるとき、突然母がこう言ったのです。

つまり、母と妹二人は、母の再婚相手の姓になって、向こうの家に移るつもりだが、姓を変えない、元の父の姓のままでいると言って聞かないお前はどうするのだ、一緒に行くのか、行かないのか、というわけです。

でも、「どうする？」と言われて、私はどうすればよかったのでしょうか。

母や妹と同じように母の再婚相手の姓になって向こうの家に引っ越しするか？　という問いはわかります。でも、これまで通り「それはいやや」と言ったら母はそれこそ私を「どうする」つもりなのか。

「姓の違うものとは一緒に暮らせない」という答えならば、それでは別れて暮らしましょうと言って母と妹が引っ越していったあと、私は「どうなる」のか。

そのときは、あまりにも現実感がなくて、ひょっとしたら置いていかれる、まるで大ヒットテレビドラマのように「家なき子」になってしまうのか、といった切実感、切迫感はありませんでした。

ただ、もし「私は向こうに行かない」と言ったならば、この母は「そうか」と言って私を置いていってしまうだろう。あとは勝手にしろ、というように。きっとそうするだろうという「最後通牒」的な感触が私にはありました。

しかし、中学生の女の子が一人で勝手にしろと言われても……。どうにかしようがあるというのでしょうか。

それくらい、この「あんたは、どうする？」は、ひどい質問だったと思います。

このとき私は「私は親に捨てられたのだ」という受け止め方をしてしまいました。そして、その思いが私の不良ぶりに拍車をかけました。

意地を張った、ということもあったと思います。ここまで「姓が変わるのはいや」という言い方で母に反発してきて、ここにきて「どうする？」と言われて「はい、わかりました。一緒に連れていってください」とは言えないよ、ということです。

このときには、残念ながら、そうした子どものがちがちになった意地を上手に解凍してくれるような大人がそばにいませんでした。

結局、母たちが引っ越すかどうかは私が中学を卒業するまでペンディング、ということで、結論を先送り。

相変わらず私は「向こうへは行かない」と言っているので、とりあえず中学卒業までは母たちと私は一緒に住むという、いわば現状凍結型の方策をとりました。でも、本質的な問題は何も解決されてはいません。事態はますます悪化していきます。

今は親しくしている母ですが、当時のことを振り返ると、ある意味、本当に私をよく鍛えてくれたと思います。

15歳でホームレス？

中学三年生も12月頃になると、普通の生徒は具体的に志望の高校を決め、先生もそこに進学できるように相談に乗る、という状況になると思います。

私の場合は、かなり特異な生徒だったことは間違いありません。それでも、やはり義務教育課程の中学三年生です。一応、みなと同じようにある高校の看護科に行きたいな、と思い始めました。

でも、結局、中学生としての勉強というものをほとんどしていないのですから、叶わぬこととなりました。当然といえば当然の結果です。

なぜ、そのときに看護婦さんになりたいな、と思ったかを正確に振り返ることはできません。けれども、今考えれば、少々無理をしてでも、やはりその高校の看護科に行っておけばよかったかな、と思います。

ただ、そのときの私には、それができない事情がありました。

なんと、住むところがなくなっていたのです。

実は、そうした「出口なし」の状態になったのは、中学卒業間際の1月頃のこと。それはそれで仕方ないとして、そのときに「大谷さん、あんた、どうする?」と尋ねてくれた先生は、一人もいませんでした。

まさに、ここでもキーワードは「どうする?」です。

もしここで「あんた、どうする?」とひとこと尋ねてくれる先生がいたら、家庭の事情、母たちが出ていこうとしていること、私の思いなどを話して、たとえば寮生活ができる高校とか、あるいは就職とか、いくつかの「これからの道」の選択肢を検討できたかもしれません。

しかし、残念ながら、どなたからも「どうする？」はありませんでした。ほったらかし、というのか、無視というのか。関わりたくない、という空気が充満していて、やっかいな奴が卒業するからホッとした、というか……。

そうして、あっという間に3月の卒業式。「蛍の光」を歌ったとたん、私は「家なき子」になってしまいました。

本当に「住むところがない」という、最悪の事態になってしまいました。15歳でホームレス？ という崖っぷちです。

「これから、何かしたいこと、ある？」

中学校を卒業したとたんに、住むところがなくなる。そんなマンガみたいな状況がほんとに起きてしまいました。

「あんたが中学校に行っている間は一緒にいてやるけんど、卒業したら私らは引っ越しするよ。あんたはどうするか、自分で決めるやろ？」

かねてよりの宣告通り、母は私の中学校卒業を待っていたように引っ越しを実行しました。そして、それまで私たちが住んでいた借家の契約も解除したのです。ですから、早速のこと、その住んでいた家も出ていかなくてはなりません。

どう考えても、私は親が自分の子どもにこういうことをするというのが理解できませんでした。

なんてひどい親なんだろうと思いました。

さらに私には次の進路が何もない。周りのみんなは高校とか、就職とか専門学校とか、それぞれに行き先が決まっているのに、私だけが何も決まっていない。住む場所がないだけでなく、行く先もない。

こういう状態になっている子どもが目の前にいるというのに、どこかに進学先はないのか、どこかに就職先はないのか、そういった相談に乗り、アドバイスをしようという先生は誰一人いませんでした。

親もひどいけれど、先生もひどい。本当に、15歳のホームレスの誕生寸前までいっていた状況だったと思います。

不良仲間の友人たちも心配してくれて、「うちに来たら」と言ってくれましたが、2、3日の宿泊で済むような事態ではありません。

ここにいたって、手を放していく親。手を出そうとしない先生たち。ほんとに私は、このときこそ、親をうらみ、先生をうらみました。そして、こういう大人には絶対にならないぞ、と子ども心に思ったものです。

そこに登場してくれたのが「おばちゃん」、父方の叔母でした。高知市から3時間ほど離れた郡部のほうで商家をしていたのですが、あまりのひどい状況に驚いて高知市までやってきて、私をとりあえず預かろうという話になりました。

でも、おばちゃんもとりあえず、だったでしょうけれど、私のほうもそれではとりあえずお世話になりましょう、という気持ちでいたというのがほんとのところ。とても長い間そんな田舎に暮らせるわけないよなあ、ということです。

そして、おばちゃんのところでの滞在は、予測の通りと言うべきか、ほんとにとりあえずの一週間になってしまいました。日が落ちたら真っ暗になってしまうような田舎、しかもお年寄りの家ですから、夜も8時、9時には消灯。そこに15歳の私がおとなしくいられるわけがありません。

おばちゃんも「これでは、ここにいるのは無理やろ」と思ったのでしょう。結局一週間で高知市に帰るということになってしまうのですが、その一週間の中で、おばちゃんと私は、いくつかの話をしました。

その中から私の新しい道が見えてきたのですから、やはり人間は話をしなければ何も始まらないということです。

ひるがえって、この少し前の事態を考えてみるとき、なぜ母や先生たちは私とこういう話をしようとしてくれなかったのだろうか、と思います。私の態度が悪かった。それは確かにそうだったと思います。でも、だからといって、一人の子どもが危機状態にあるのに、それを直視せず、かえって無視するような対応に終始したのはどういうことだったのでしょう。

おばちゃんは私に「おまん、何をしたいが？　これから何かしたいこと、ある？」と訊き、私は「看護婦さんになりたい」という話をしました。

看護科に進むという道は叶わなかったけれど、何か人のお役に立ちたい、という気持ちが私のどこかに生まれてきていたのでしょう。それまでだと、一度失敗したら、もういいやということになっていたかもしれませんが、なぜかそのときは、もう一度チャンスがあれば、チャレンジしてみたい、何か方法はないか、という気持ちをおばちゃんに素直に話したのだと思います。

このことが、私に新しい道を開いてくれました。

看護婦見習いのファンシーケース

「やっぱり、看護婦さんの勉強がしたい」

私の小さな希望が、おばちゃんの行動につながっていきます。

自分が何をしたいのかわからない、という状況が一番厄介です。したいことがわからなければアドバイスのしようもありません。

でも、話をしているうちに、自分が何をしたかったかがわかってくるということもまた、あるのです。ですから、大人は子どもの話を辛抱強く、じっくりと聞いてあげる、聞き役に徹する対応をするということが求められるのだと思います。

私が「看護婦さんの勉強がしたい」というのを聞いたおばちゃんは、高知市のさる大きな病院にコネクションを持っていて、そこの見習いで私を入れるという方策をとってくれました。ありがたい話です。

そして高知市に帰った15歳の私は、その病院の看護婦寮に入ることになります。かなり老朽化した、決してきれいな寮ではありません。二人部屋です。15歳の少女の目にはボロボロの建物、という印象でした。でも、住む場所を失った私にとっては、どこでも「住めば都」だったのです。

当時の婦長さんはじめ、みなさんがいい人でした。勉強だけでなく、社会人としての常識、会話の仕方なども、きちんと教えてくれたのでした。私のほうも、自分の希望する道の勉強ですから、一生懸命取り組みました。

以前の私ならば、何か教えてあげようとする人には、余計なお世話だというわけで、ずいぶん反発したものです。でも、私も子どもながらに何らかの形で世間と接触する中で、少しは成長をしていたのでしょう。そうした私をまるごと受け入れてくれた院長先生はじめ、みなさんには本当に感謝の気持ちでいっぱいです。

こうして、15歳のホームレスを危機一髪で逃れた私は、病院の寮で新しい一歩を踏み出しました。

そのとき、母がファンシーケースをくれました。今の若い方々が知っているかどうかわかりませんが、ファンシーケースというのは、言ってみればきわめて軽便な衣料ケース。鉄パイプの四角の枠に何着か洋服をかけられるようになっていて、骨組みの周囲を全部ビニールで囲ってしまうというもの。

娘の新たな旅立ちに親が贈ってくれたものが、このファンシーケースという何とも安っぽい道具一つだったということが、当時の母と私の関係を象徴しているような気がします。ぺらぺらのビニールに、あまりセンスのよくない花柄が印刷してある、そんなちょっとわびしい道具がぽつんと部屋の隅に置かれている。泣けるような15の春の新しい旅立ちでした。

「いい人」は必ずいる

今、寮の部屋にあるものはぺらぺらのファンシーケースだけだったと書きましたが、しばらくすると、もう一つ大事な道具が増えました。「ラジカセ」です。このことにも、ちょっと触れておきたいと思います。

まず、今の若い方々に「ラジカセ」と言ってもたぶん、何ですか、それということになるでしょう。これは、ラジオとカセットテープレコーダーを一体化した小型の装置、つまり小型の電化製品で、ラジオカセットレコーダーの略称です。カセットテープがわからないと困りますから、これも説明しておくと「カセットに収められた録音用のテープ」のことで、これを装置に挿入して再生して楽しんだり、ラジオで放送中の音楽をそのまま録音したりできました。この、放送中のものを録音することを「エアチェック」と言いました。

再生には本体に装着されたステレオスピーカーが使われ、豪華なオーディオ装置など買えない若者たちにとって「いい音」を提供してくれる強い味方になっていました。ただ、ある程度の価格はする電化製品です。当時の値段で4万円はしたと思います。私のような、10万円にも満たないようなわずかな給料で1か月を暮らさなければならない若者には、やはり高嶺の花の商品でもありました。

もちろん、私も音楽大好き人間ですから、ラジカセは「ほしいもの」の筆頭格と言ってもいいものだったと思います。

そうしたある日、病院の隣の電器屋さんのショウウインドウに最新式のラジカセが飾られているのを見かけたのです。そうすると、それがほしくなって、ほしくてほしくて、でも、4万も5万もするものを私の給料で買えるわけがないよなあ、そんな気持ちが行ったり来たりする中で、そのラジカセをちらちら見ながら店の前を歩く毎日。

そのうちに、そうした私の姿が目に留まったのか、お店のご主人に呼び止められることになりました。

「あんたが〝これがほしい〟という気持ちはよくわかったよ。分割払いでかまわんからね。今すぐ持っていきなさい」

ご主人は、分割払いでいいよ、と言いながら「では何回払いで」とも言いませんでした。ただ、私の給料日にいくらでもいいからその月の払える分を持ってくること、という条件を出してくれただけ。それだけでいいよ、と言ってくれたのです。

こんなにうれしい出来事はありませんでした。相当な大きさで、重さも十分あるのですが、早速部屋に持って帰って、コーナーに置いてみました。〝私のラジカセ〟。そこだけが輝いて見えました。

当時流行っていた深夜放送、「オールナイトニッポン」とか「パックインミュージック」とかを聴きながら、お気に入りの曲がかかればすぐに録音する。ラジカセの威力を存分に楽しみました。

この出来事以来、病院の隣の電器屋のおじさんとはずいぶんと親しくなって、冷蔵庫や洗濯機など、私の電化製品はすべてその店で、ということになったのです。そして、あとで病院勤めをやめて寮を出て、一人で自立してアパート暮らしをする、というときも、そういった電化製品は全部そのおじさんが運んでくれました。

世の中には、「ほんとにいい人」というのはいるのですね。

16歳のときに私の部屋にやってきたそのラジカセは、その後もときに私の心を慰め、ときに音楽を流して自主レッスンの友になってくれました。

その後の、たとえば病院をやめてからの高知市での何度かの引っ越し。あるいは、27歳のときの上京。そうした幾度かの大きな環境の変化の際に、「もうこのラジカセともお別れかなあ」と思うことが何度もありましたけれど、でも、どうしても「もうこれを手放そう。捨てよう」という気持ちになれませんでした。

結局、結婚後も含めて数十年の間、私のそばに居続けて、その電化製品はまるで古株の親友のような存在になったのでした。

「我が友ラジカセ」が、16歳の淋しい看護婦見習いの部屋にやってきたときの喜び、うれしさを、私は決して忘れません。それは、ズルをすることなく、一生懸命何かをやっていれば必ず「いい人」が現れてくれるということの象徴であり、自立して生きていくという私の人生の、きわめて素朴な一つの原点でもあるのです。

「ジャズダンススクールへ行こうよ」

15歳までの紆余曲折を経て、16歳の私は看護婦さんへの道をしっかりと歩んでいこうとしていました。その道は、自分自身が希望したものですし、性格的にも好きな道でしたから、一生懸命取り組みました。ほとんどできていなかった中学レベルの勉強も、ここで取り戻さなくては、と頑張りました。

もちろん、病院での住み込み見習いという仕事も真面目に手抜きを一切せずにやりきったつもりです。

ただ、友人関係は、中学時代の親友たち、つまりB中学校で不良女子と呼ばれた仲間たちとの付き合いがそのまま続いていました。ほんとに、いい関係でしたし、その友好、友情は今でも続いています。

その仲間の一人が、あるときこういう話を持ってきました。

「今度、高知にジャズダンスの学校ができるらしいんで、行きたいけんど、一人で行くのはいややや。ちさと、あんた、踊り好きやし、うまいやんか。一緒に行ってくれる？」

15歳から16歳にかけての時期。この友人のひとことを聞いた時点でも、そこが、私の人生の大転換点になろうとは、まったく予想もできませんでした。

「よっしゃ、このままこの病院で仕事をさせてもらいながら、准看護婦の資格をとって、その次は正看護婦になって……」

初めて自分の夢に沿った形の目標をしっかりと定めた私でした。院長先生も、そういうシナリオを作ってくださったわけです。

私にとっては何の不足もない話です。一生懸命、そうさせていただきます、ということで、病院のみなさんにもサポートしていただきながら、「いい人たち」に囲まれて毎日を懸命に過ごしていたわけです。

ところが、そうした日々が急変する事態になってしまいます。きっかけは先ほどの「一緒にダンススクールへ行こうよ」という友人からの相談です。それも、再三の誘いです。

これに対して私は、「仕事も勉強も忙しいし、第一、看護婦見習いなんやからそんなダンススクールに行けるようなお金がないよ」と答えていました。

最初のほうの「忙しいし、そんなところへ行っている暇がない」というのが私の本当の答えで、あとのほうの「行けるようなお金がない」というのは、断りの理由の念押しのつもりで言ったこと。でも、結局それが、人生の転換の「作用点」になってしまったのです。

「あんたの入学金は、もう払ったから」

仕事の忙しさやお金の問題だけでなく、ダンスそのものについても、ジャズダンススクールで教えてくれるような踊りはきちんと揃っていることが求められる、型にはまったダンスのように受け止めていて、ちょっと違和感を持っていました。

ジャズダンスというと、たとえば日本テレビ系の歌番組などにお約束のように出演していた「スタジオNo.1ダンサーズ」とか、ちょっとあとの時代ですが、金融業のテレビCMで盛んに流れていた「武富士ダンサーズ」などが代表的なイメージ。

レオタードを着た女性ダンサーが、いかにもプロっぽい、最先端ふうの洗練された振り付けで、一糸の乱れもなくといった感じでさっそうと踊る。その背景には一流の振付師の先生がいるということがすぐにわかりました。

ですから、せっかくの友人からの誘いではあるけれど、たぶん、そういうところも私には合わないな、と思って断り続けていたのです。

「確かに私はダンスが好きやけど、ディスコで好き放題に自由に踊るのが大好きなんで、あんなジャズダンスみたいに型が決まっているようなのはいやや。必死にレッスンして、みんなと合わせにゃいかん、というのも性に合わんし」

実際、仕事が忙しくて時間もありませんでしたし、本当にジャズダンススクールに通うようなお金もありませんでした。

すると、そのジャズダンススクールに一緒に行こうと誘ってきた友人が、こう言ったのです。

「入会金ね、もうあんたの分と一緒に二人分払ってきたから」

まったく、「はあ？」の展開です。

いずれにしても、私には時間がないから、そのスクールに行くことはできない、ということで友人を説得し、その入会金は返してもらおうよという相談。そうと決まれば、というわけで早速、四国ジャズダンスアカデミーのあるはりまや橋まで友人と二人で出かけ、受付で声をかけたのです。

「すみません、この前支払った二人分の入学金、返してください」

でも、こういうのを15、16の子どもの浅知恵と言うのでしょうか。簡単に返してもらえると思っていたのですが、そうは問屋がおろしませんでした。

「いったん納入されたものはお返しできません」

先方の受付の女性は、あっさりとこう言いました。私たちは「エエッ」と絶句するのみ。今なら、契約のクーリングオフとか、いろいろと考えどころはあると思います。でも、その頃の私たちは、単純を絵に描いたような対応しかできませんでした。

そうして、結論は次のようなことになってしまったというわけです。

「ほんなら、しょうないわ。あんたが一人で行くのがイヤやったら、ちょっとだけ付き合うわ。そのかわり、ほんまに2、3回だけやきね」

この私のコメントから、人生の転回の軸が回り始めたのでした。

なんと、私を誘い、私の入学金まで払ってくれた友人は、2、3回通っただけで「私には無理。ついていけん」と言って、あっさり退学。一方で、お付き合いで始めた私はすっかりジャズダンスにハマってしまったのです。

これでふてくされたらアホや

まさに、人生の分岐点でした。このタイミングでジャズダンスに出会っていなければ、私は90パーセント以上の確率で看護婦になっていたと思います。

15歳から16歳の一年間、その中で、中学卒業から母との別れ、叔母の家での一時避難、寮生活での自立、ジャズダンスとの出会いと、まるで急流に流されているように私の人生は大きく変転していったのでした。

それにしても、私をジャズダンスの世界に導くことになった、あのB中学校以来の親友は、私にとって天使だったのかもしれません。彼女が無理やりのような形で背中を押してくれたおかげで、私はきわめて重要な〝師〟に出会うことができたのです。

こういったことから、いい人との出会いが、また次の人とのいい出会いを生み出していくのだということ、人生で大切なのは人との出会いなのだ、ということを学び始めたような気がします。

友人のおかげで入学することになった四国ジャズダンスアカデミーには、16、17歳の、ほぼ同世代の少女たちが通っていました。そして、そこには、それまで私が出会ったことのないような印象の人たちがたくさんいて、私に新鮮な刺激を与えてくれたのです。

簡単に言えば、普通の真面目な高校生でありながら、ダンスというものに真剣に向き合っている、ダンスという自己表現の方法に真摯に取り組んでいる、その姿勢に感動したわけです。学校生活は別にして、時間があればダンスに明け暮れている、ダンスに打ち込んでいる、という彼女たちの姿にびっくりした、胸を衝かれた、ということです。

それまでの短い人生経験の中でではありますが、同世代で、それほど真剣に何かに打ち込んでいる人間がいるということを知らなかったということです。

「私も、やらんといかん。負けてられん」

こうした感動や刺激に生来の負けん気も加わって、私は一気にジャズダンスの世界に、文字通り、没頭の日々。踊り、ダンスはもともと大好きな世界ですから当然かもしれませんが、それこそ寝ても起きてもダンス、というようなのめり込み方になっていきました。

何よりも、先生が素敵な方。入学した最初の頃にマイケル・ジャクソンの曲を今まで見たことのないような振り付けで踊ってくれました。それが面白くて面白くて、私が思っていたジャズダンスのイメージを一挙に覆してくれました。まさに、ハマった、という感じ。

「好きこそものの上手なれ」という言葉がありますが、好きなことならば努力することに苦痛感がない。その上、上達していく実感がある。何しろ、楽しい。こんなに楽しいとは思わなかった……。

ディスコで、好き放題に踊っていたときと違う、「表現」というものにともなう自己実現の感覚がある。きちんとした基礎訓練があって、その上に段階的にレッスンを積み重ねていく。基礎を習うということが、こんなに楽しいとは思わなかった。それが充実感や達成感につながっていくという初めての感覚。

自分がどれだけ踊りが好きかということや、踊り、ダンスというものが自分を表現するのにこんなに合っているんだということなどが、改めてそのときに確認できた気がしました。

そして何より、師としての先生がよかったし、その先生を中心に集まってきた仲間もよかった。言葉を換えれば、そこに私の居場所があった。こういうことです。幸せに暮らしていた小学生時代以来、忘れていた感覚でした。

そうなると、一日中、先生のそばにいたい。毎日教わりたい。当然、そういう気持ちが募ってきます。真剣にダンスと向き合い始めたということだったのでしょう。

先生も、私の置かれている状況、環境を理解してくださって、ずいぶん可愛がってくれました。私のダンスへののめり込み方をほめてくれました。

可愛がってくれて、ほめてくれる。これで面白くない人はいません。これでふてくされる人間がいたらアホです。

ダンスをずっと続けてみようか。

私は、人生の道を変更する岐路に立っていました。私自身の独自の道。「学歴」よりも「地力《じりき》」を養い、「地頭《じあたま》」を鍛えて、私流の人生を歩んでいけたらいいな。そんな思いが次第に強くなっていたのです。

スポーツ感覚の快感がうれしくて

四国ジャズダンスアカデミーでジャズダンスを習い始めて、本格的にダンスにハマっていった私ですが、一方で、中学時代からの仲間たちとのディスコ通いは続いていました。ディスコのほうは、もう「顔パス」メンバーになっていましたから、お金の心配はそれほどありませんでした。

その頃のディスコのダンスの変遷を振り返ってみると、私がディスコ通いを始めた中学三年生の頃、1977、78年あたりでは、先に紹介したようなステップダンス、竹の子族のような一定の振り付けをみんなで踊るダンスが主流でした。

そこから、次第に流行が変わっていって、ジェニファー・ビールス主演の大ヒット映画『フラッシュダンス』の影響で、ジャズダンス的な踊りが当たり前になっていきます。

そして、今やダンスの主流になった感のあるブレイクダンスです。当時の男の子たちは、みんなブレイクダンスに行ってしまいます。何しろ、あのロボットダンスは斬新でカッコよかった。それまで見たことのないような動きで、あれをやりたいと、みんなあこがれ、熱中していました。

そうした中、中学生でディスコ・クイーンのような存在になっていた私が、なぜジャズダンスにハマったかというと、たぶんそこに健全なスポーツ的な匂いを感じたからではないかと思います。

もちろん、ダンスとしての面白さも感じました。リズムに正確に乗って手の位置とか顔の向きとかをきちんと決めていきながら、ジャンプしたり回転したり体を捻ったり、全体としてのパフォーマンスで表現していく。これは、それまでのディスコでのフリーなダンスとはかなり違う体の表現の仕方だなという印象が最初にありました。

つまり、何でもいいから感覚を解放したい、体感として快感を得たい、というのではなく、なぜこういう動きをするのか、こういう振り付けをするのかというモチーフやテーマがあって、それにのっとってダンス表現を展開するパフォーマンスなのだ、ということ。

そして、そうしたパフォーマンスを作り上げるために、準備運動からしっかりやる。ストレッチも入念にやる。一種、スポーツ的な訓練を積み重ねていって、その上でダンスというパフォーマンスがあるということで、これはディスコで自分の感覚のままで踊っていたのとは違う世界だなと認識したわけです。

そうした新しい刺激の中で、いいダンスを一緒に作り上げていこうという真剣さを共有する仲間と一緒に、素敵な先生に教わる。そういういい時間を、尊敬できる師といい仲間とともに過ごす。これほど魅力的なことはそうはありません。

荒れていた中学生時代にB中学校で出会った親友たちとはまた違った、新しい価値観を共有できる仲間ができた。このことが私にジャズダンスのレッスンを長続きさせた重要な要素だったのではないでしょうか。そこには、高校野球や高校サッカーのチームの仲間意識に似た感覚があったように思います。

ジャズダンスの群舞と「よさこい」と

毎日集まってきちんとした練習をして、個人個人のダンスのレベルアップを図りながら、群舞としてのチーム・パフォーマンスの完成度を高めていく。そしてそうした日頃の研鑽の成果を発表する場がある。こういう点においては、ジャズダンススクールの活動は、「よさこい祭り」に参加するチームの活動にかなり似たところがあるのではないか。これは、子どもの頃から「よさこい祭り」に参加して踊ってきた私が、ジャズダンススクールに通う中で実感したことです。

つまり、チームとしての「仲間意識」。それが野球やサッカーのチームと同じように、踊りというグループパフォーマンスの活動の中で育まれ、緊密になっていく。現在私が指導している「よさこい」のチームにおいても、活動の中心になっている考え方です。

そういう経緯の中で、実際に四国ジャズダンスアカデミーはチームを作って「よさこい祭り」に参加することになりました。１９８０年前後のことだったと思います。

ここで、ちょっと「よさこい祭り」のことを振り返っておきましょう。1954（昭和29）年に「市民の祭り」として始まったよさこい祭りは、年々規模を大きくして、阿波踊りとともに四国の夏を代表する祭りとして発展してきました。

ただ、踊りとしてはスタート時点からずっと、揃いの浴衣を着て、「よさこい鳴子踊り」の曲に合わせて鳴子を持って踊りながら前進する、というスタイルを全参加グループが続けていました。

踊りの音楽は、大ヒット曲「南国土佐を後にして」の作詞・作曲者である武政英策さんが作った「よさこい鳴子踊り」一辺倒。この曲のレコードをかけたり、歌なしのレコードに合わせて自分たちで歌ったりしていたわけです。

この「よさこい鳴子踊り」という曲はまず「よっちょれよ、よっちょれよ、よっちょれ、よっちょれ、よっちょれよ」という掛け声から始まります。「よっちょれ」というのは「どいていろ」ということで非常に勢いがよく、元気な踊りを誘うにはとてもいい掛け声になっています。そして「高知の城下へ来てみいや」という歌い出しで、あとは、ジンマ（おいじさん）もバンバ（おばあさん）もよう踊る　よう踊る鳴子両手によう踊る、と続けて、さあみんなも踊ろうよ、と誘っている内容。

さらに、このあとに代表的な土佐民謡「よさこい節」を入れます。おなじみの「土佐の高知のはりまや橋で　坊さんかんざし買うを見た」という歌が入り、「ヨイヤサノサノサノサノ」という調子のいい合いの手が入っていき、リズムが強調される構造になっています。

この同じ曲に乗って、全員が同じ振り付けで踊るという「よさこい祭り」の風景が、1972（昭和47）年から大きく変わっていきます。

同年の5月、フランス・ニースのカーニバルに招待された「よさこい鳴子踊り」チームが、カーニバル的なノリを作るためかホイッスルの音を取り入れました。これによって、よさこい鳴子踊りにサンバのリズムが導入されることになりました。

引き続き開催された8月の高知での「よさこい祭り」の本番でも、このホイッスル入りのサンバ・リズムによるよさこい鳴子踊りが披露され、大きな反響を呼びます。

大きな反響は、革命的な変化につながります。

この時期から、よさこい祭りの踊りはフリーな振り付けが一気に増え、音楽もリズムを強調したアレンジを各チームが競うようになっていきました。実際、「地方車《じかたしゃ》」と呼ばれる各チームの先導車からそれぞれのチームが自チーム用の音楽を大音量で競うように流すわけですが、このことに対する苦情、非難もあり、議論を呼び始めます。

もともとの曲と振り付けで踊るスタイルが「正調」と呼ばれるようになったのも、この頃からのことです。

そうした流れの中で、私が通っていた四国ジャズダンスアカデミーも80名のチームで参加することになったのでした。

▲「四国ジャズダンスアカデミー」チームで高知のよさこい祭りに参加した17歳の頃の著者（右）。はっぴに短パンという衣装の若い女性が増えた時代。

▲ジャズダンスのレッスンに明け暮れていた18歳頃の著者。レオタードにタイツという、「いかにもジャズダンス」のスタイルが懐かしい。1980年代前半のスナップ。

第4章

19歳、
よさこいダンスチームの
リーダーから主宰者へ

チームのトップ・センターを譲る理不尽

よさこい祭りに初めて参加する四国ジャズダンスアカデミーチーム。総勢80名のこのチームは、初参加とはいえ、ダンススタジオのチームだということで当初から大きな注目を浴びていました。

私はその中でも、目立った存在だったと思います。80名のチームの中でも、やはり上手下手はありますから、チームの考え方としては当然のことながら上手な踊り手を先頭グループに配置します。そして当然のように、私は先頭グループに指名されました。

17歳の夏。ダンススクールのチームならではのパフォーマンスを見せてやろうということで、全員張り切っていました。

とりわけ私は一日も休まずに熱心にレッスンを続けていましたし、先生にも可愛がられていましたから、いいところを見せたいと意気込んでいたわけです。

狙いは、先頭グループの中でもトップのセンター。たぶん、その願いは叶えられると思っていました。

ところが本番直前、オーナーの友人だという黒人女性がやってきて、その彼女がポンとトップのセンターに配置されてしまったのです。

「なに！」です。

なぜ突然そういうことになるのか。黒人だというだけでダンスがうまいということになるのか。こっちは中学生ディスコ・クイーンだし、このジャズダンススクールでも目立った生徒のはずだ。その私が、なぜ急にその人にトップ・センターの位置を譲らなければならないのか。

私自身はこのときのことはあまりよく覚えていないのですが、友人に聞くと、私は激しく怒り、泣いたそうです。よほど悔しかったのでしょう。

私は中学時代、「あいつは不良だ」というレッテルにずいぶん傷つけられました。そして、レッテル貼りの恐ろしさも、よく知っています。ということで考えてみれば、この「黒人だから」というのも、「逆レッテル」というものではなかったかと思うのです。

黒人＝ダンスがうまい、というレッテル。そういうレッテルのおかげで、私が目標としていたチームのトップ・センターを譲らなければならなかったとしたら、こんなアホらしいことはありません。

どちらがダンスがうまいか。よさこい祭りに出場するチームのトップ・センターとしてどちらがふさわしいのか。そういう検討を経た上での決定ならば、得心できたでしょう。でも、そうではなくて、レッテルで判断されたとしたら……。

こういうわけのわからない決定や判断を、「理不尽」な、と言います。そして、「不良」とか「女」とか、「若造」とか「学歴」とか、そういったレッテルでなされる「理不尽」な決定や判断は、世の中にごまんとあります。

私の、このトップ・センターを譲ったときの怒りと涙は、その後の生き方の原点でもあったと思います。「理不尽」なことが大嫌い。「理不尽」な判断や決めつけへの反発と挑戦。それが、これまでの私の生き方の背骨になっているのは間違いありません。

ダンスに専念するという決断

チームのトップ・センターをやむなく譲った悔しさ。そういった個人的な思いを別にすれば、四国ジャズダンスアカデミーの「よさこいチーム」としてのパフォーマンスは成功だったと思いますし、よさこい祭りそのものも若者の参加、そして全国からの参加が増え、振り付けも音楽も衣装も自由度を増していたと思います。

南国土佐ならではの、若者のエネルギー発散の場、自由な踊りの祭典、官製ではありえない市民主体の祭りという色合いが一段と濃くなっていました。

このあと私は、本当の人生の岐路を迎えます。

なんと、先生が四国ジャズダンスアカデミーをやめて自分のジャズダンススタジオを設立することになりました。そして、なんとなんと私にそこへ来てくれないか、という話をいただいたのです。

ここまでの一年、私は看護婦見習いとして寮に住み込みで働き、看護学校を目指して勉強し、その間に四国ジャズダンスアカデミーで先生のレッスンを受けていたわけです。

それが、先生が新たに開設するジャズダンススタジオの活動に専念するということになれば、看護婦の道は断念せざるを得なくなります。

さて、どうする。

あのとき、「私はもうダンスのほうに行く」という結論が割と早めに出たような気がします。そういう決断をする「若さ」がありました。

話としては、看護婦になっていたらどんな人生だったろうな、と考えるのは楽しいかもしれません。でも、今、「ドリーム夜さ来い」のニューヨーク・タイムズスクエア公演を実現し、さらに世界に広げていこうとしている時点で考えれば、やっぱり私は看護婦にならなくてよかったと思います。もし踊りをやめていたら、たぶん……、こんなに多くの「いい人との出会い」もなかったでしょうし、夢を共有できる「素晴らしい仲間との出会い」もなかったでしょう。

ですから、看護婦の道をスパッとあきらめてダンスのインストラクターになるという決断に導いてくれた「自分の若さ」に感謝、ということにしておきましょう。また、それは「切り替えて前を向く」「終わったことを引きずらない」という考え方、判断の仕方が私の人生の基本ラインなのだな、と改めて確認できたということでもあります。

一つだけ、申し訳なかったと思うのは、この決断で私を不良の世界から看護婦の道へ導いてくれたおばちゃんや、支援をしてくれた病院のみなさんの期待を裏切る結果となってしまったこと。とうとうみなさんが亡くなられるまでお詫びの機会を持つことができませんでした。そのことについては、本当に申し訳なく思っています。

その「けじめ」は「自信過剰」か、公正への「律義さ」か

尊敬する先生のダンススタジオでダンス中心の生活になったからといって、私の人生が一段落したわけではありません。

19歳の時に、なじみのディスコである「アメリカ広場」でディスコダンス大会が開催されました。その頃、そういうディスコを中心とした全国規模のダンス大会があちこちで催されていて、そのときの「アメリカ広場」での大会は四国大会だったのです。

これは、ディスコが会場ですから、基本的にディスコ系のフリーダンス、自分の創作ダンスの大会という位置づけになります。

この大会に私はエントリーしました。

もともと、ディスコは中学時代からならしたところですし、この何年かはジャズダンスの世界でも鍛えてきた。そういったこともあって、自信満々のエントリーでした。

いや、自信満々というよりは、自信過剰だったかもしれません。でも、何か、大きくジャンプしようとするとき、過激に何かを変えることになるときというのは、自信過剰くらいのほうがいいのではないでしょうか。

ただ、このときに一つだけ気にかかることがありました。それは、その大会の審査員の中に先生が入っているということ……。私の胸の中で、このことがどうしてもクリアできませんでした。

どうする……。

このとき、私は先生のスタジオをやめることを決めました。

一つの「けじめ」です。お世話になった先生。育てていただいた先生のところから離れる。これは私にとって、ほんとに大きなけじめでした。

でも、そういうけじめをつけてでも、この大会に出たかった。出て、19歳現在の、私のダンスの実力がどれくらいのものなのか、公平な評価を聞いてみたかった。

公正公平を求めるからといって、そこまで律儀にやることはないよ、と言う人もいました。そうかもしれません。律儀すぎるかもしれませんけれど、やはり先生のところにいる限り、世間は結果を公正公平に見てくれないもの。

「まことに申し訳ありません。ほんとにお世話になりました。ありがとうございました」ということで、生意気かもしれませんけれど、私はスパッと先生のスタジオをやめてしまったのです。

誰もそう言っていないのに、いや、誰も言っていない今だからこそ、こちらからあえてフェアネスを求めて、潔く徒手空拳、孤立無援になる……。

確かに大きな決断でしたが、どこかすっきりしたというのか、晴れ晴れした気分もあったことを思い出します。何か、潮時、というものだったのかもしれません。

そうして出場したダンス大会で私は優勝カップを受け取って、先生の拍手もいただきながら、「四国チャンピオン」という称号を手に入れたのでした。正真正銘の、「四国のディスコ・クイーン」になったわけです。

19歳のダンススタジオ主宰者

先生のスタジオをやめると決めたとき、そのあとのことについて私に計画があったわけではありません。でも、考えてみれば、何をするといっても私にはダンスしかないのですから、次の行動は決まっています。

「ダンスを教えよう」

つまり、次の行動はそれしかありません。でも、どこかのビルの一室を借りて教室を開くような資金があるわけではありません。それならば、ということで、次に出た知恵が「公民館を借りたらどう?」というやり方。

立派な入れ物はないけれど、リーズナブルな会費で最新のジャズダンスを教えますよ、というわけです。

こうして、大谷ちさと主宰の「ワークダンシング」というダンススタジオが立ち上がりました。1982年の4月、19歳のダンススタジオ主宰者の誕生でした。

30人ほどの会員がすぐに集まりました。ここから1990年の9月まで、私はダンススタジオ「ワークダンシング」の主宰者の活動を続けていくことになります。

そして、このスタジオの会員を中心にした150人の「よさこいチーム」を作り、よさこい祭りに毎年参加していくことのスタートでもありました。

ちょうどこの「ワークダンシング」を立ち上げた年の夏に、よさこい祭りに参加する大学チームの振り付けを依頼されるということがありました。

踊りの振り付けというのは、このときが初めての経験でしたが、これまた意外と面白くて、私に合ってるかな、という思いを深めたものでした。

こうしたいくつかの経験が重なって、私はダンススタジオの主宰者であり、よさこいチームの踊りの指導者であり、振付師でもあるといった形で活動の幅を広げていきます。

自分の振り付けを大勢の人が踊る感激

人に教えることが好き。振り付けが楽しい。自分が踊って楽しい、というだけではないダンスの面白さの発見でした。

とりわけ、振り付けの面白さに気がついたときは、ぞくぞくするような感覚があったことを覚えています。快感というよりは、喜びに近い気持ちの高揚感だったと思います。

自分が考えた踊りをたくさんの人が踊るということに大きな喜びを感じたのでしょう。19歳の夏、よさこい祭りの盛り上がりの中で、自分が考案した振り付けを覚えたたくさんの人が踊っているという、その光景を見たときに私は感激の涙を流していました。

この上ないうれしさ。やりがい。そういったものを、私はこのとき、実感としてつかみました。

最初に教えたのが、男子ばかりの大学生チームでしたから余計にそうだったのかもしれません。最初の練習で、公園で会ったときのバラバラ感。虫よけスプレーなどもまだ普及していなかった頃ですから、腕も足も、蚊に食われっぱなし。そこから始めて、手拍子をとって基本のステップを覚えさせて、次第にリズムに乗り出して……。

それまでの、先生に教えてもらったステップをどれだけ仲間と統一感をとりながら完成していけるのか、という達成感とも違う。中学生の頃からやったディスコダンスの、自由に踊って自分自身が無になっていく感じとも違う。

逆に、無から作り上げていく充実感。それが、「やりがい」とか「生きがい」というものにつながっていったのだと思います。

それと、こうして教えている振り付けが、創作だということも、喜びの大きな要因でした。つまり、私のオリジナル。私ならではの作品。私の頭と感覚の中から生まれ出たものが、大勢の人の身体を借りて形になっていく。これほど面白いことはないのではないでしょうか。

もともと中学生の頃からディスコに出入りし、みんなが流行りのステップで踊っている中で、一人だけ自分の感覚を頼りに好き勝手に踊っていたもの、創作ダンスとも言えないような無手勝流《むてかつりゅう》の踊りが、ジャズダンスのレッスンの積み重ねを経て、何とか人に教えられるような創作ダンスになったのかな。そんな感慨がありました。

踊り始めた頃から自由にやるのが好きなのですから、創作は大好き。曲を聞けば、どういう振り付けがいいのか、パッとわかります。曲でなくてもかまいません。たとえば誰かがテーブルをコンコン、コンコンコンと叩いたとして、それをリズムと捉えれば振り付けはできます。パッパとできます。

これは、ほんとに、好きこそものの上手なれ、と言うしかないものかもしれないな、と思います。小さい頃から、テレビから聞こえてくるアイドルたちのヒット曲に合わせて自分で振り付けをして踊っていたのが原点でしょうか。踊るということではキャリアは十分だ、というわけです。

そんなことを考えていると、「好き」は才能を超える、という誰かの言葉を信じたくなってくるものです。

「踊り子募集」で集まって、「仲間」になって

よさこい祭りは、現在は8月9日が前夜祭、10日と11日が本祭、12日が後夜祭・全国大会となっています。この日程に向けて、参加しようとするすべてのチームが動き始めるわけですが、わが「ワークダンシング」チームの場合は、大体その年の新年会で「今年もやりますか」といった話が出て、年度替わりの3、4月頃に参加の最終決

定を出します。

それから具体的な動きになるわけですが、今年は100人で、とか150人で、というふうにチームの規模が決まると、5月くらいから「踊り子」の準備開始。ほぼ同時期に、今年の曲のアレンジと振り付けの制作がスタートします。衣装の構想も大体そのあたりから始めます。

つまり、チームの主宰者が春頃に「今年はこんな感じでやろう」というテーマなりコンセプトなりを立ち上げて、それにしたがって曲や振り付けや衣装ができあがっていく。それが完成した頃には「踊り子隊」のメンバーもほぼ決まっている、といった流れになっています。

私の「ワークダンシング」は、毎年「よさこい」の踊り子150人の募集を発表して2、3日でストップがかかるほど、大人気チームでした。当時としては型破りのロック調の音楽に激しい踊り、ということで特にそういうノリを好む若い人の人気を集めたようです。

そうして、「今年の踊り」の練習に入るのは、私の「ワークダンシング」チームの場合、7月に入ってから。短期集中型で、2週間ぐらい毎日何時間と決めて仕上げていきました。もちろん、毎年優秀な賞を獲得しているチームなどは1か月から2か月くらい練習するところもあると思いますが、参加チームの平均では、おそらく3週間ちょっとといったところでしょう。

基本的に「よさこい」チームというのは、プロのダンスチームではありません。みなさん、それぞれ自分の好きなチームの「踊り子募集」に応募してきた人が主体。踊りに専念するというわけにはいかず、ほとんどの人がお勤めが終わってから練習会場にしている「○○公園」に駆けつける、といった形での参加です。

ですから、練習もおのずと「短期集中型」にならざるを得ません。2、3週間、毎日毎日、休みなし。今日やったら明日もやる。明日やったら明後日もやる。こういうことで、本番直前まで稽古を続けます。

現在は、よさこい祭りの前日などに高知の町を歩いていると、チームが宿泊しているホテルの周辺とか公園とか道端の空き地とか、いたるところで踊りの練習をしている光景を目にすることができると思います。

そして、8月9日が前夜祭。前年に各賞を獲得したチームは前夜祭に出場することになっていますので、この9日になれば、市内のあちこちで「よさこい」の衣装を着た踊り子たちを見かけることになるでしょう。

翌8月10日と11日が「よさこい祭り」の本祭。町中に「よっちょれよ」の掛け声と「土佐の高知のはりまや橋で～」というよさこい節、踊り子が手にした鳴子が打ち鳴らす激しいリズム音が鳴り響きます。

12日は、本祭で賞をとったチーム及び各地の審査を経たチームが出場する全国大会が開かれ、よさこい祭りの熱い夏はフィナーレを迎えます。

街を独占して踊る「しびれるような高揚感」

メイン会場となる追手筋《おうてすじ》は、普段は日曜市などで市民に親しまれている大通り。高知城追手門に向かって真っすぐに通りが延びています。最近では、参加チームが200を超えるようになっていますので、この追手筋で踊る順番はくじ引きで決められることになりました。

この追手筋での踊りはテレビ中継されるのですが、くじ引きの結果、中継の時間帯に入らず残念！　というチームも出てきます。ですから、あくまで公平なくじ引きとはいえ、事前の抽選会場はかなりの熱気を帯びるということになりました。

ですから、追手筋で踊る時間が決定すれば、そこからどの会場をどういう順で回るのかというスケジュールを作ります。追手筋に並ぶ人気会場、高知で一番のアーケード繁華街「帯屋町筋」での踊りを含め、これで一日のチームの動きが決まるというわけです。

私も近年、高知県庁チームに入って「まるごと高知オフィシャルチーム」として「正調よさこい鳴子踊り」で市内各会場を回らせてもらったのですが、こうしたシンプルな段取りの決め方が催事を長続きさせる秘訣なのかな、と思いました。

昔と違ったのは、高知城内や高知駅前などにステージ的な踊りの会場ができたこと。以前は、町筋や商店街を流して踊るやり方だけでしたから、練習の段階からステージ会場での踊り方と流しで前進していく踊り方の違いをチーム全体で確認しておかなければなりません。

意外に思うのは、今の若い人たちは町の中を踊って流しながら前進していくという「チーム・パフォーマンス」のほうがやりにくく感じているということ。逆に、ステージのような一定のスペースの中で、いわば定点で踊るのは馴れている、というふうに思います。

それはそうかもしれません。大体、ある程度都会化された町の中の大通りや商店街の中を大人数で踊りながら行進していくなどということは、めったにできることではありませんから、戸惑うのは当然ということでしょう。

でも、だからこそ面白い。まるで町の中を独占して自分たちの踊りたいように踊っているようなもので、いわば「とんでもない話」。これぞ「非日常」。

ほとんどの人が、そうした「非日常の空間」に自分の身を置いたことがありません。たぶん、初めて経験する感覚でしょう。そうした人生の中で初めての経験という感覚が気持ちを高揚させてくれます。「非日常の空間」の中で自分の感覚を解放していくとき、何か脳がしびれるような感覚があると言う人もいます。

「非日常の空間」の中で、踊り、叫ぶ。気持ちが解放され、自由になっていき、新しい自分が生まれていくような感覚が生まれてくる。これこそ、そしてだからこそ、「祭り」なのだと思います。

「群舞としての空間の美」が仲間意識を作る

練習のときに、「よっしゃ、これで本番はＯＫや！」というふうに安心したことは一度もありません。まず、リズムが進化しました。正調よさこい鳴子踊りのシンプルなリズムも捨てがたい魅力がありますが、今の若い人はさまざまなリズムを楽しむことを好みます。ですから、練習の段階からみんなに鳴子を持たせて新しい振り付けのリズムに馴れてもらうようにします。

ここで、とても大切な問題が浮上します。環境に関する考え方の変化です。住宅地の公園での練習などでは、鳴子を鳴らすカチャカチャという音にクレームがつくことがある、というような時代になりました。これは受け入れなければなりません。

ですから、鳴子の可動部分を輪ゴムで留めて音が出ないようにします。それでも、鳴子を手にして踊ることでリズムと振り付けが一体化していくのです。

こうして振り付けを覚えてもらったら、ステージ会場など一定のスペースの中で踊る「定点踊り」のチームの体裁を整えます。つまり、誰と誰をトップ位置にし、左側は誰、右側は誰、という具合に踊り子の配置を考えます。

そうしてステージ会場でのパフォーマンスの形ができてから、次は踊りながら前進する形、つまり「流し踊り」の形の習得に移ります。

この「流し踊り」がうまくいくかどうかが、よさこい祭りの踊りの成否を握っていると言っていいと思います。チームとしてのダンスパフォーマンスの良し悪しがここに現れます。

つまり、振り付けのよさとかリズムの面白さとか、個々の踊りの評価の他に、こうした団体の踊り、グループでのダンスパフォーマンスとしての「きれいな見せ方」というものがあると思っています。

群舞としての空間の美、と言ってもいいでしょう。

ただ、初めての人は、この「流し踊り」の「踊りながら前進する」というのがなかなかうまくいきません。私の指導は、まず人の後ろについて歩くことから練習を始めます。そうして、人と人との間隔の感覚をつかませてから次に踊りながら前進するという段階に進みます。

こうした練習を積むことで、個人としての技量のアップを図るとともに、チームとしての仲間意識というものも育てていくわけです。

「よさこい祭り」で踊るという目標を持って練習をすることで、個人の技量もチームとしての一体感も、日に日にアップしていくことがわかります。メンバー一人一人がわかり、チーム全体がわかります。このことがまた、達成感や充実感につながっていくのです。

まるで人生のように、踊りながら前進する

群舞としての空間感覚をつかむ、ということ。これがないと、全体の前進速度と自分の前進速度が合わず、すぐに前との間が詰まってしまいます。このことを、私の造語で「人間距離《じんかん》」と言っているのですが、要は車で言う車間距離《しゃかん》と同じで、前が詰まると自分が踊りにくいのと同時に前の人も後ろから迫られると非常に踊りにくいもの。

車なら、「前の車のナンバープレートがきちんと見えるような車間距離をとりましょう」というようなことを教習所で習います。それと同じようなことを練習で覚え

てもらうわけです。それからやっと、全体の「流し踊り」の練習に移ります。

踊りながら、人間距離が詰まってしまうとどうなるか。全体が小さく、狭くなって、踊りそのものも窮屈な躍動感のないものになってしまうでしょう。ですから、後ろの人から言えば前の人の頭しか見えないのでは詰まりすぎ。前の人の腰が見えるくらいのゆったり感がほしいし、この間隔を維持していきたい。

進んでいくうちに、また近くなりすぎたな、と思ったらその場で立ち止まって足踏みしているくらいの感じで前との間隔をとり直す。車と同じ。高速道路で、次第に渋滞になっていくときのことを考えてみてください、どういうふうに前との間隔を維持していくかわかると思いますよ。というようなアドバイスをしながら、踊りにおける「人間距離」を覚えていってもらいます。

こういうことですから、よさこいの踊りがチームとしてうまくいくまでにはかなりの手間がかかるということがおわかりいただけるかと思います。

うまくいくためには、練習を積むことが第一なのですが、全体の構成、人員配置という問題が大きく影響してくることも確かです。つまり、ステージ会場での最前列や両翼の人員配置以上に、最前列、先頭グループ、中盤グループ、最後列といったような「流し踊り」、隊列を組んでの前進というパフォーマンスを生かすための人員配置が求められるのです。

まず最前列ですが、そこに「踊りが上手な子」「よく踊れる子」を配置するとは限りません。「華がある」子を置きたいというのはあります。ただ、それよりも、言い方が感覚的になりますが「しっかり踊れる子」「全体を意識してきちんと踊れる子」を最前列のセンターに置くのが最善策だというふうに考えています。

要は、リーダーシップを発揮できるかどうか。これは、「引っ張っていける」「頑張れる」という要素があれば、大丈夫。年齢も関係ありません。私は小学生でもこの役割を果たすことができると考えています。

そうしたトップ・センターの脇に「踊りの上手な子」を置く、というのが多くなってきているようです。大きなグループになると中盤も大事な配置になってきて、いわゆる「なかだるみ」の気の緩んだ踊りにならないように気合いを入れる。そういったタイプの人員配置をします。「あんた、真ん中が緩んできたら、頼むで」というわけです。

もちろん、最後尾も大事。ほうっておくと一番気の抜けやすいポジションですから、ここをだらだらしないようにきちんと締める。そういう役割をしっかり理解できている子を配置して、ぴしゃっと締めくくる。

チーム全体、グループパフォーマンス全体のバランスをどう構成し、表現していくのか、という問題です。

こういうのは言葉で言うのは簡単ですが、実際にやってみるのは非常にむずかしい。これは、よさこいチームのリーダーや主宰者をやった人間でないとわからないかもしれません。

でも、「よさこい」の経験的知恵と言うのでしょうか、高知の人たちはチームの構成の仕方、人員配置の仕方がとてもうまい。したがって、肝心の「流し踊り」もうまくいく。「前進しながら踊る」「踊りながら前進する」ということが、たとえば東京の人にはけっこうむずかしいのですが、高知の人は実にうまくやっているなあ、と思います。

私の「ドリーム夜さ来い祭りオフィシャルチーム」は、「県外からのチームやのに、詰まることもなく流れて、きれいに進んでいくねえ」と言われますが、私が主宰のチームだとわかれば、「なんや、そうか」と納得してくれるでしょう。

こういうふうに「よさこい」について考えながら、「よさこいは、自分の踊りを踊りながら前進する」という言葉に行きつくとき、ふと、「それはまるで、私の人生のことを言っているんじゃないか」と思うことがあります。私も踊りながら前進してきたんだなあ、という感慨です。

それと、感心するのはやはり高知の人は「暑さに強い」。あの暑さの中で、それを楽しむように、暑くなればなるほど一段とエネルギッシュになる。高知の夏はとりわけ強烈ですが、県外からのチームはこれに馴れていない上に、どうしても「よさこいの本場」高知に来たということで、頑張ってしまいます。

でも、無理な頑張りは禁物。熱中症などで救急車のお世話になったら残念です。しんどくなったら休む。ステージや会場の移動の間は十分に休む。そうして、存分に「よさこい」を楽しんでほしいと思います。

そしてまた、この「無理な頑張りは禁物」という言葉も今、私自身がかみしめなければならないものだな、とも受け止めているのです。

「よさこい用の足袋」という変革のシンボル

「よさこい祭り」の主催者は「よさこい祭り振興会」となっていて、あくまで市民主体の祭り。決して県や市が主催者ではありません。そこが幕末の坂本龍馬や自由民権運動の板垣退助を生んだ「自由の国」南国土佐の夏祭りの闊達さ、若いエネルギーの発散を担保している部分なのだろうと思っています。誇りに思っていると言ってもいいかもしれません。

そうした土佐の夏祭り「よさこい祭り」の歴史を、発足50年を記念してまとめた冊子があります。「よさこい祭振興会」編の『よさこい祭り50年』（平成16年3月発行）です。よさこいの歴史を振り返るときの基本となるような冊子ですが、その１９８６（昭和61）年の項に、我が「ワークダンシング」のよさこいチームについてのうれしい記述がありますので、ちょっと紹介させていただきましょう。

「年ごとに増えていくロックやサンバ、ディスコ調の中で、注目されたのは円応教土佐教会チームのデジタルポップ。最新のＰＣＭ録音を駆使しての一段と強烈なビートだ。出場2回目となるワークダンシングチームは、新しい感覚のワッフルで、60年代風の音楽に若さをみなぎらせる。」

ワッフルというのは、その当時注目されていたリズムで、この記事を読むとその時の暑さが甦ってきます。

暑さといえば、空からの太陽の暑さだけではありません。炎天下、夏の青空の下で日中に踊っているわけですから、体感気温が40度以上になるのは当然です。でも、それより何より、踊り子にとって一番つらいのは、実は暑さではなくて熱さ。アスファルトの照り返しと、その地面そのものの熱。

地面の熱さは一体どれくらいになっていたのでしょうか。

もし、私に「よさこい祭り」に何か貢献したことがあるかと問われれば、それは「踊りのための地下足袋《じかたび》を導入したこと」と答えることができます。これが、地面の熱対策には画期的なことだったわけです。

よさこい祭りスタート以来ずっと、足元は草履か足袋でした。そして、踊りがステップ的に激しさを増してくると、どうしても草履では対応しきれない、ということで足袋で踊る人が増えていきました。

足袋といっても、それは着物を着るときに履く普通の足袋。足底の部分が少し厚くなっているとはいえ、これで直接地面に接しているとどうなるか。それも日中の一番暑い盛りに何時間も踊るのですからたまりません。多くの人の足裏がやけど状態になっていて、これが悩みの種でした。

そうしたとき、私たち「ワークダンシング」チームは、学校の上履きとか体育館履きとか言われているあのシンプルな白靴を使い始めたのです。当時も、もちろん作業用の地下足袋はありましたが、頑丈ではあってもそれはあまりにも祭りの踊りにはふさわしくない。そこで思いついたのが、学校の上履き、体育館履きでした。

あの足底にゴムがついた白い布靴といえば、ああ あれかと思い出す人も多いと思います。これだと、足裏のゴムに滑り止めの刻みが入っていますから、激しい踊りの足さばきにも対応できますので、大好評でした。

既成概念からの脱却。昔からこうしているので、ということに不合理があれば我慢することはない。変えればいい。そういう意識の象徴のような話ですが、こうした発想の自由さや柔軟性のある受け入れ方も、実に「よさこい」らしいところなのではないかな、と考えています。

逆に言えば、やっぱり「ダンス」で表現しようと思えば、これくらい足元がしっかりしていないと、ということがわかったというきわめて具体的、即物的な話。そして、あっという間に広まっていきました。

それがさらに改良発展を遂げ、今や白足袋ふうの地下足袋が「祭り足袋」とか「踊り足袋」とか「よさこい足袋」といった名前で販売されるようになっています。そういったことでも、全国的に「よさこい」は広まったんだなあ、ということを実感として受け止めているわけです。

「小娘のくせに」という理不尽

先の「体育館履きを履いて踊り始めた」というのも、それまでの普通の足袋では自分たちの踊りは踊れない、自分たちの表現を追求するにはどういう工夫が必要か、という発想から始めたこと。要は、自分がやりたいことをやってみる、ということだと思います。

同じように、私が主宰するダンススタジオ「ワークダンシング」で「よさこいチーム」を作って、踊り子を募集して、振り付けを教えて、というのも自分がやりたいからやったこと。行動する。それだけ。シンプルな話です。

誰に頼まれたわけでもありません。やらなくてもいいこと、余計なことなのかもしれません。めんどうくさいことも確かです。

人の世話をするとか、教えるとか、リーダーをやるとか、言い出しっぺだからやらなきゃとか、めんどうくさいでしょう、と人からも言われます。でも、言い出しっぺだから責任とらなければとか、「ワークダンシング」の主宰者だから責任感があるとか、そういうことではありません。

逆に言えば、責任感とかプレッシャーとか、まったくなかったと言ったほうがいいかもしれません。いわゆる、「イケイケ」でやっていたのでしょう。

実際、ダンススタジオの主宰者だ、よさこいチームの責任者だといっても、19、20の小娘です。世間のみなさんから見れば、いい加減なガキです。

何かするたびに、よく言われました。

「小娘のくせに、生意気なこと言うな！」

私の意見が正しいかどうか、ではありません。それは、別問題。ともかく、そこらへんでちゃらちゃらしている若造が、何か「いっちょまえ」のことを言っているということが世間の大人たちは気に入らない。

「若造が」、それも「女が」、というわけです。えらそうに、とか、生意気に、といったコメントがそのあとに必ずつくパターン。ほんとにわかりやすいレッテル貼りでの判断。決めつけ。若造の女、小娘なんかに何ができるんだ。

一番頭にくる言い方です。最も理不尽なものの決めつけ方です。

でも、当時の私は、その理不尽に反論する言葉を持っていませんでした。対抗する術を知りませんでした。ですから、私は一刻も早く40歳になりたかった。できれば、若白髪が生えてこないかと思いました。

それくらい、見た目でもいいから早くおばさんになって「小娘」というレッテルからともかく離脱したかったわけです。実際に40歳になったときは、ほんとにうれしかった。そして、ちらほらと見かけ始めた白髪も、大歓迎でした。

あきれるほどの「男社会」の中で

「白髪が生えてうれしかった」と言うと、そんな馬鹿なと言う人もいますけれど、若い頃からリーダー的な立場を経験した女性なら、この感じをわかってくれると思います。

若いというだけで、まともに人の話を聞こうとしない。その上、女だとくれば、話を聞くどころか門前払い。こういった話は山ほどあります。それくらい日本はまだ「男社会」ですし、いまだに信じられないレベルの「男尊女卑」的発想・思考の男性がいたるところに山ほど存在しているのです。

「小娘」ではなくなったとしても、次は「女のくせに」というバリアが横たわっています。

一体どれくらい前から「男女平等」とか「男女機会均等」とか言ってきたのでしょうか。社会的にそういうキャンペーンが継続的にあるということは、「男女が平等ではない」「男女の機会が均等ではない」ということの表れに他なりません。

最近で言えば、安倍政権の「女性活躍推進」アピールがありました。あの安倍晋三さんが「女性の活躍を」と改めて言わなくてはならないほど、21世紀の日本社会では女性が活躍していないということになります。

別に、声高《こわだか》に「男女平等」とか「機会均等」とか言っているわけではありません。普通に、人と人として話ができればそれでいいのです。「なんだ、女か」「お嬢ちゃんが、どういう話だ?」。これほど理不尽な態度はないと思います。

ほんとにあきれるほど、日本の男性は相手が「女」だというだけでまともに話を聞こうとしません。聞いたら何か厄介なことになるのではないか、そんなふうに思っているのではないかと勘繰りたくなるくらいです。

ただ、逆に言えば、これだけ「男社会」感覚が残っている世の中、男の人が頭を下げるのはなかなか大変だろうということもわかります。リーダー、責任者ともなれば、いやでも何でも、頭を下げなくてはいけない場面も多々あるでしょう。

その点、私はリーダーやら責任者やらといっても「男社会」の中の女ですから、最初から別の眼で見られるところもあって、頭を下げやすかったということもあったと思います。

それより何より、幸いにして、私は周りの方々に恵まれました。「いい人」との出会いに恵まれてここまでやってくることができた、というのは本当です。

高知にいた時代のことを振り返っても、荒んでいた頃の私と心を通わせてくれたB中学校の仲間、ディスコに連れていってくれた友人、ジャズダンススクールの入学金を私の分まで払って誘ってくれた友人、看護学校への道という社会との接点を見つけてくれたおばちゃん、看護婦見習いという仕事や勉強を支えてくれた病院のみなさん、ラジカセをフリーの分割払いで売ってくれた電器屋さんのご主人、ジャズダンスアカデミーの仲間たち、「ワークダンシング」スタジオの立ち上げをサポートしてくれたみなさん……、ほんとに多くの方々に支えられ、お世話になりながらの一歩一歩でした。

ここまで、私自身が主宰者になってのダンススタジオ「ワークダンシング」の立ち上げから「よさこい祭り」への参加、というところまでたどってきましたが、この「よさこい祭り」への参加という〝恒例〟は、私が27歳のとき、1990年の夏まで続きます。

なぜ、その時点で「ワークダンシング」のよさこい祭り参加が終了したのか。そこには、私の上京と、それに続く、まるでハプニングのようないくつかの出来事が関わってきます。

ちさと＝千里の道は、まだまだ波乱万丈。

▲現在でも本場・高知のよさこい祭りに参加したチームは、高知城の追手門脇で集合写真を撮影するのが恒例となっているが、これは1986年頃、著者が若き主宰者として率いる「ワークダンシング」チーム。150人の大世帯。

▶1982年夏の高知よさこい祭りでのワンカット。この年の春に19歳でダンススタジオの主宰者になった著者（中央）は、初めてよさこいチームの振り付けも手がける。その大学チームの地方車の前でポーズ。当時のアイドル、藤谷美和子似ということでも人気の若き主宰者だった。

第5章

扇谷ちさとの流儀

踊りながら、勤めながら、楽しみながら

1982年4月、私は「ワークダンシング」を設立して、ダンススタジオの主宰者として独立します。小なりとはいえ、一国一城の主になったわけです。19歳の春でした。

そして、その年の夏から1990年の夏まで、連続して「ワークダンシング」のチームとしてよさこい祭りに参加しました。つまり、その間はダンスの活動も継続していたわけです。

ただ、それほど大規模に展開していたわけではありません。やはり、若い私が主宰者ですし、高知という地方都市では希望者数にも限界があります。ですから、ダンスの収入だけではなかなかむずかしいというのが実情でした。ですからそれは、喫茶店とか洋品店とか百貨店の中のブティックとか、いろいろなところに勤めながらダンスの活動も続けるという8年間でもあったのです。

そういうことが苦労とも、大変だとともまったく思ったことがありません。ダンスの

好きな仲間に教えながら、勤めながら、夏になればよさこいに参加して踊りまくる。こうして、一年一年が過ぎていきました。

高知の「よさこい祭り」は、ほとんど季節感と一体化していますから、夏になれば「よさこい」で踊る、というのは高知の人間にとって呼吸するのと同じくらい当たり前のことなのです。

夏になり、各町内の広場や公園から「よっちょれよ、よっちょれよ」の「よさこい鳴子踊り」の掛け声が聞こえ始めると、「こりゃもう、踊らないかん」という気分になってきます。

賞の獲得がテーマになっているような有名チームは別にして、普通のチームや踊り子は、よさこいに参加して、高知の暑さの中で自由に踊ることを楽しむという気分を大事にしていました。楽しむ。これがキーワードです。それが、官製の祭りでもなく、イベント的なビジネスの匂いのする祭りでもなく、生まれも育ちも市民の祭りという「よさこい」ならではの魅力でした。

街と祭りと踊りと夏という季節が一体化している、と言ってもいいでしょう。高知の親たちは、踊りの練習のほうが先決ということで、「宿題せえ！」とは言いません。

公園で、夜の8時、9時まで練習がある日でも、「ええわ、宿題はそのあとで」と言っていました。私の子どもの頃の懐かしい話ですが、今でも基本的な気分は変わっていないと思います。

私の「ワークダンシング」の「よさこい」チームも、コンセプトは楽しさ優先で、それで賞がついてくればOKという感じ。そんな「楽しい、楽しい」で続いた8年間でした。

上京ついでのオーディションに合格

そうした中、1990年の春のある日、ダンススタジオとは別に勤めていたブティックの仕事で上京する機会がありました。「出張」です。仕事の用件は簡単に済みましたが、初めての東京でしたし、せっかくの機会だからということで東京の女の子の友人のところに数日泊めてもらう話がまとまりました。

当時、高知で見ていたテレビドラマの中ですごく印象に残っていたことがあります。

それは「東京の人たちは、何かというとコンビニに買い物に行く」ということ。高知はつい先頃までセブン-イレブン未出店地域として有名でしたが、1990年当時はどのマークのコンビニも高知にはありませんでした。ですから、せっかく東京に来たのだからコンビニに行ってみなくては、という気持ちになっていたわけです。地方から上京した人間の典型的なパターンです。

さて、コンビニの中で何を買おうかと見回しているうちに、偶然目に留まったのが求人誌。そして手にとってぱらぱらと何気なくめくっているうちに目に入ったのが、ある有名スポーツクラブの「ジャズダンス・エアロビクスインストラクター募集」という文字。

すべて偶然ですが、すべてが必然だったような気もします。

「へえ、東京のこんな仕事のオーディションて、どれくらいのレベルやろ？」

こう思ったら最後、私はもう動き始めていました。ダンスに関しては、自信満々。というよりも、自信過剰、というのがその頃の私だったからです。

結果は、もちろん「合格」。ただ、このとき、私の人生は大きく変わろうとしていました。「神のみぞ知る」人生の大きな曲がり角でした。

「ジャズダンス・エアロビクスインストラクター募集」に合格。この結果を受けて、私は上京を決断し、すぐに住まいを探し始めます。決めた住所が「下北沢」。この町に住んだことが、また次の人生の曲がり角となるのですが、これもまた「神のみぞ知る」であったということになります。

ただ、この「上京する」という27歳の春の決断は、同時に高知のダンススタジオ「ワークダンシング」の終了を意味します。言ってみれば、あまりに唐突な決断。それでも高知の仲間たちは、私の決断を喜んで支持してくれました。

こうして、1990年の夏をもって私は高知の「よさこい祭り」を卒業、最後の「よさこい」を、私は仲間たちと心ゆくまで楽しんだのでした。

この人生をどう肯定していくのか

1990年9月、スポーツクラブでジャズダンス・エアロビクスインストラクターとしての仕事がスタート、同時に東京都世田谷区下北沢での生活も開始。こういう状況は半年前までイメージもしなかったことですが、私はもう人生のジャンピングボードを踏んでしまいました。そのことに、まったく後悔はありません。

今をどうするのか、ということが一番大事。私の場合の「どうするのか」は「どう肯定していくのか」というのと同じ意味になります。今を、どう次のプラスにつなげていくか、ということです。

私の場合は、家庭環境も不順でしたし、お金もなければ学歴もない。コネクションも何もない。言うなれば、ないないない尽くしのマイナスばかり。そういうところからの人生のスタートでしたが、そのことで自分を卑下したり、消極的になったりしたことは一度もありません。

同じような境遇の友人、知人も周りには多くいました。そうした中で、マイナス面を気にし続けた人は、やはりどうしても躓《つまず》いてしまうようです。せっかく幸せをつかんだのに、自分のマイナス面を自分で気にしすぎて、自分で不幸の泥沼に足を突っ込んでしまうというケースを何度も見てきました。

人生には不運はあります。でもそれと同じくらい幸運もあると思います。それをどうつかむか。人生はどこにどういうジャンピングボードが用意されているかわかりませんけれど、ここで弾みなさいよというタイミングが来たら、いつでもその用意はできている。そういう生き方を私はしてきたつもりです。

「人生には上り坂、下り坂に、もう一つ、まさか、がある」と言われますが、その「まさか」は不運のほうだけではなく、幸運のほうにも向いてくれるものだということを肝に銘じておきたいと思います。

27歳というタイミングで訪れた、「上京」という人生の大きな転機は、私の青春の後半に彩りを与えてくれました。夫との出会いと結婚です。

夫は大手企業のサラリーマンで、下北沢にあった独身寮に入っていたということが私との出会いにつながったわけですが、そう考えると、私が何の根拠も理由もなく「東京生活は下北沢で始めよう」と即断したこと自体が不思議に思われてなりません。

1993（平成5）年の春。30歳で結婚をし、めでたく「寿退社」。レオタードを脱ぎ、大谷から扇谷に姓が変わったあとは、社宅に入り平穏な暮らしを続けることになります。中学時代からずっと踊り続けてきた私が、すっかりダンスとは無縁の生活になってしまいました。

専業主婦の日々。社会との接触といえば社宅のみなさんとともにやる清掃とかバザーといったボランティア活動。普段は、料理のレパートリーを広げたり、手編みのサークルに入ったり。それまで、そういうことをあまりしてこなかったからかもしれませんが、私自身、専業主婦の生活が楽しくてハッピーで、その時間を満喫していました。

逆に言えば、ダンスとか踊りといった世界は興味の外。不思議といえば不思議ですが、27歳までの「波乱万丈」とは真逆の、完璧な「平穏な生活」が続きました。

お付き合いをしていただいた主婦グループの中では私が一番年下で、ランチしたり、おしゃべりしたりする中で、いろいろなことを教えていただきました。そうした静かな、ゆったりとした暮らしをしたかったのです。ほんとに、それで十分に幸せでした。

ですから、その当時の知人の方々が今の私の活動を知ったら、別人だろうと思われるかもしれません。また、現在の私の活動をよくご存じの上で、静かに応援してくれている人たちもいます。素敵な大人というのは、そういう人たちのことだろうと思います。

もう一度「よさこい」指導の現場へ

そうした平穏な生活に少し変化が現れる日がやってきます。社宅の近くにある大井町商店街を歩いていたときのこと。各地で商店街を中心とした「街おこし夏祭り」的な催しが行われていますが、そのときは「大井町どんたく」という名前の祭りだったと思います。その「大井町どんたく」のポスターの中に「よさこい」の文字を見つけてしまったのです。

「どんたく」といえば「博多どんたく」が有名で、「よさこい」といえば高知が本場なのですからごちゃ混ぜなのですが、とりあえずどこのでもいいから有名な祭りの名前を持ってきて盛り上げようとしているのだろうと理解していました。

それにしても東京の品川区の大井町で「よさこい」に出会おうとは。正直、「なんでこんなところで、よさこいをやってるの？」という不思議な感じがありました。

ちょうどそのとき、この祭りのサポーターをボランティアでやるという話になっていましたので、「大井町どんたく実行委員会」の説明会に出てみようということになったわけですが、考えてみれば、これが後々のいろいろな出来事につながっていく発端になります。

実行委員会の中心人物であった大井町商店街の多野さんというおじさんが言ったひとこと。

「あなた、高知出身らしいじゃない。一つ、うちのよさこいを指導してくれませんかね」

この言葉に、私の頭の中のある部分がビビッと反応し、胸の奥底からムラムラッとわき起こってくるものがありました。結婚以来、自分の中にどこか「封印」意識があったように思います。踊りやダンスには関わらない。高知とも意識的に疎遠にしていたような気もします。

でも、5、6年ぶりにわき起こってきたこの気持ちを、もう捨ててはおけない。

「よさこいの指導、お引き受けしましょ」と快諾している私がいました。

お金のことより、自分がやりたいからやる

大井町商店街の多野さんも、私のキャリアを知っていたわけではないと思います。たぶん「近くの社宅の奥さん」というくらいの認識だったのでしょう。でも、私を高知出身だと知って「よさこいを指導してよ」と言ってくれた。そのことがとてもうれしかったのを覚えています。

なぜか。1990年代の後半、東京及び関東圏でも「YOSAKOI」なる冠をつけたイベント的なお祭りが開かれるようになっていました。そして、それは明らかに北海道・札幌の「YOSAKOIソーラン」の影響を受けたものでした。そして、東京近辺で「よさこい」といえば、この「YOSASKOIソーラン」のことになっていました。

ご存じのように、「YOSAKOIソーラン」は、高知の「よさこい祭り」を見て感激した北海道の学生が、この自由さや世界性は若者の祭りやイベントにはぴったりだということで札幌で立ち上げたもの。そして、目論見通り若者に受け、その発信力

からまたたく間に各地に広がっていったわけです。

その勢いの中で「へえ、高知でもよさこい、やっているんですか？」と言われかねない空気も感じていた私は、「これはちょっと、まずいんじゃないのかな」と思い始めていたところだったのです。

やはり、高知の、市民の中からわき起こり、市民の中に根付いているからこそのエネルギーを持った「よさこい祭り」の踊りと、「ＹＯＳＡＫＯＩソーラン」は違う。高知の「よさこい」の魅力を多くの人に伝えたい。知ってもらいたい。そういう思いが募り始めていたのです。

こうした経緯で商店街の方々に「よさこい」を指導し始めたのですが、ちょうどボランティア精神に燃えていた頃ですから、余計に「何とかしてあげたい」という気持ちが強くあって、振り付けも変え、衣装も変え、リズムの取り方から教え、「ともかく、人に喜んでもらえるもの、自分も楽しいものにしよう」という努力をしたわけです。

結果、成果が現れてくると同時に、こちらにも来てくれ、あちらにも、という声がかかり始め、「よさこい指導」の活動が次第に広がっていくことになりました。

もちろん、夫の理解とサポートに大感謝しながらの活動ですが、基本的には「ボランティア」という精神に変わりはありません。これは、「よさこいを世界へ」という目標を掲げた現在でも同じです。

お給料をもらっているわけでもありませんし、どちらかというと身銭を切ることのほうが多くなる。お金のことを考えると「こんなアホらしいこと、やってられんわ」ということになるでしょう。

ですから、気持ちを支えているのはあくまで「ボランティア精神」。大げさに言うわけではありませんが、「世のため、人のため」。でも、自分を奮い立たせ、動かしているエネルギーは「自分がやりたいことをやりたいから、やる」ということ。それは、言葉を換えれば「はちきん魂」「よさこい魂」と言っていいかもしれません。

再び「はちきん魂」「よさこい魂」に火がついた

大井町商店街幹部の多野さんが、私を高知出身者と知って、再び「よさこい」に関わるきっかけを作ってくれた。これは事実です。でも、なぜ品川区の大井町で「よさこい」をやろうとしたのか、それが長く疑問だったのですが、本書の企画を進める中で、ひょんなことから答えが判明しました。当時、高知の大旺建設の東京支社長だった中谷俊さんが大井町に住んでいて、商店街に「よさこい」を勧めたのが、そもそもの始まりとのこと。最近、高知県関係でお付き合いを深める中、実は、ということで中谷さんが話してくれました。「よさこい」のご縁の不思議です。

大井町商店街の多野さんは、もう一つ、素敵な出会いを用意してくれました。現在の一般財団法人ドリーム夜さ来い祭りグローバル振興財団の専務理事兼事務局長・糸川研也との出会いです。

糸川は早稲田大学の学生でしたが、両親が高知出身ということで、小さい頃から「よさこい祭り」に親しんでいたといいます。そして、「よさこい祭り」の中にこそ青春のエネルギーの発揮の仕方、歌いたい踊りたいという人間本来の姿がある、と感動、そこから、まず早稲田の学生たちで「よさこい」チームを結成し、高知の「よさこい祭り」に参加しようと考えます。

また、それ以前から早稲田で「よさこいサミット」を開催したり、首都圏での「よさこい」系の祭事に本場高知の「よさこい祭り」のニュアンスを注入したいということで各地の「よさこい」実行委員会や主体となる町内会などにネットワークを広げる独自の努力を続けていた人物です。

そうした活動の中で糸川と大井町商店街の多野さんがつながり、その紹介で「早稲田のよさこいチームを指導してほしい」という糸川と出会ったのでした。

糸川の細く小柄な体躯からは独特の雰囲気が醸し出されているのですが、そのキャラクターもさることながら、物事を論理だてて整理し、まとめ、展開していく能力には素晴らしいものがあることがわかりました。何よりも、「よさこい」の普及にかける情熱になみなみならぬものがあり、この人は信用できる、と得心したのでした。

糸川自身は、ちょうど「バブル崩壊後」の就職氷河期という大不況、北海道拓殖銀行や山一證券といった「大企業」が倒産する時代に遭遇して、旧来のような就職活動をするよりも、「よさこい」普及という夢に賭けてみようと思ったと言っています。

ひとことで言えば、「面白い男」です。そして、信頼できる「相棒」です。

1999（平成11）年、私が代表、糸川が事務局長というコンビで「TOKYO夜さ来いCOMPANY」を結成。高知の「よさこい祭り」のコンセプトを基底にした東京での「よさこい」の普及と定着、これを目指してスタートを切ったのです。

36歳。大谷ちさとではなく、扇谷ちさととしての夢に向かっての第一歩でした。

ほんとに、久しぶりで「代表」とか「リーダー」というポジションに立つことになったわけですが、これは大変だとか、頑張らねば、といったことより、このときは「YOSAKOIソーラン」の「よさこい」ではなく、高知の「よさこい」を知ってもらいたい、本場の「よさこい」の自由と活力にあふれた魅力を東京、首都圏の人にわかってもらいたい、という一心で踏み出した第一歩だったと思います。

一心と言いますが、それくらいこの時は「よさこい」に危機感を持っていたのです。つまり、「YOSAKOIソーラン」と「よさこい」は違う。それを私はわかっているのに、周りはわかってくれない。一種の反発心と言うのでしょうか。

しかも、高知県関係者の方々は東京や首都圏のリアルな事情があまりよくわからないようで、「何やら、東京や関東のほうでも〝よさこい〟が広まっちゅうらしい。けっこう、けっこう」といった感じ。こりゃいかん、です。

とにかくこのときは、東京・首都圏では私が対抗の旗を立てなくては、という思いでいっぱいだったのです。私の中の、〝やっちゃる〟の「はちきん魂」と、〝よっちょれよ〟の「よさこい魂」に再び火がついた、ということです。

そういう反発心・対抗心を持ったときの私は、一段とギアが入ります。反発心・対抗心は、私のエネルギー源。このことを改めて確認した「TOKYO夜さ来いCOMPANY」の発足でした。

「夜さ来い」というのは、「夜に来なさいよ」と呼びかける昔からのラブコールで、「よさこい節」の世界観の中では、おなじみのフレーズ。何しろ、「よさこい節」などというのは、お坊さんが恋人にかんざしを買ったという目撃談を、みんなで大喜びで歌にするという大らかな土地柄です。

「夜さ来い」のネーミングも、そうした大らかかな、人間性の豊かな集いということに通じるコンセプトとして受け取っていただければ幸いです。

もちろん、本場高知の「よさこい」、札幌の「YOSAKOI」との差別化という意味合いもあります。

「よさこい」を首都圏で普及させるための「夜さ来い」ですが、そのためにはどういうことをするのか。それは、まず「よさこい」の踊りおよび踊り子を指導育成するとともに、「よさこい」という祭りそのものをプロデュースする、ということになるだろうと思います。

そのためには、ともあれ「よさこい」を踊れる中心的なチームを作ろう、ということになり、私も久しぶりに踊りの現場に立つことになりました。

また、COMPANYも当初は「カンパニーって、これ、会社なんですか?」などとよく言われましたけれど、「仲間たち」という意味で今ではみなさんにご了解いただいています。

本当にいい仲間が集まってくれたと思っています。

扇谷ちさとの流儀

1999年10月に、「TOKYO夜さ来いCOMPANY」を結成して以降、自らの「よさこい」チームを率いて各地の祭事に出演したり、海老名商工会議所婦人部「よさこい」チーム、企業ではダスキンエビナ「よさこい」チームなどの結成をプロデュースしたり、踊りそのものを指導したり、あるいは各地の自治体主催祭事の「よさこい」のプロデュースや監修……といったあれこれで、それこそ代表としては東奔西走という日々になりました。

踊りについては、もちろん独自の自由な振り付けで自分たちのパフォーマンスを追求してもらって結構なのですが、私が指導・プロデュースする限りは、必ず「正調よさこい鳴子踊り」を覚えていただきました。それが高知の「よさこい」の原点です。

その後、2002（平成14）年3月には首都圏の「よさこい」の主催者やチームの集合体として「首都圏夜さ来い祭り振興協議会」を設立して会長に就任、同年の7月には「ドリーム夜さ来い祭り実行委員会」を設立して実行委員長、そして2014（平成26）年1月には「一般財団法人ドリーム夜さ来い祭りグローバル振興財団」を設立して理事長に就任と、この十数年、扇谷ちさとはずっと「代表」とか「会長」といった肩書の下で活動を続けてきたわけです。

つまり、ある程度の組織のリーダー、トップを継続して務めてきたということになります。男性でもなかなかしんどいと言われるこうした役回りを続けてくる中、「ちさとさん、やめたくなったこと、ない？」と訊かれるときがあります。

でも、私は、はっきり言って、こうした活動をやめようと思ったことは「一度たりとも」ありません。基本的に、前を向く性格だということはあります。ぐじぐじと後ろを振り返っても仕方がない。今、どうするのかが一番大事。これからどうするか。いつもそういうふうに考える性格です。

ただ、それだけでなく、これまで迷惑をおかけした方、支えてくださった方がたくさんいらっしゃる中で、自分の都合で、自分の気持ちで、めんどうくさいからやめたいなどとは、口が裂けても言えません。

一方、一緒に長くやってきた仲間であっても、「やめたい」と言うときはほとんど慰留しません。一回だけ「なぜやめるの？」「なぜそう思うの？」ということは訊きます。原因を聞いておきたいだけ。それだけで「わかった」と言って、あとは「去る者は追わず」。

これは私の持論ですけれど、私の性格も知った上で「やめる」と言うのは、自分で相当悩み、考えてから口に出したことであって、それは最後の結論なのだということ。中にはそのときの気分で言う人もいますが、大体は自分の結論として「やめる」と言うのですから、それを尊重してあげたほうがいいに決まっています。

そういう「きれいなやめ方」をすることが大事だし、そうさせてあげるということはもっと大事だと思っているのです。

別れ方はきれいに

去る者は追わず。きれいに別れるのがお互いの今後にとって一番いい。こう思っているのですが、実行委員会や財団の組織の中では、現実にこれまで一人も「やめたい」と言ってきた人はいません。

でも、「踊り子隊」のメンバーのほうは、長くいる子もいれば、一年くらいでやめていく子もいる、そういう入れ替えがしゅっちゅうあるというのが実情です。ですから「やめたい」と言ってきた子には、一応「なぜ?」とは聞きますが、その件そのものに関して時間はとりません。

私の性格があっさりしていることもありますが、「ああそう、わかった。また機会があったら遊びに来てね」と言っておしまい。これでお互いに、きれいに別れられます。

つまり、「やめます」ときちんと挨拶をしていった子、きれいにやめていった子は、のちに「ドリーム夜さ来い祭り」のサポーターやファンになってくれる可能性がありますし、実際、やめたあとでも祭りの当日に手伝いに来てくれた子は何人もいます。事情で踊り子はできないけれど、「よさこい」は大好きだというわけです。

いずれにせよ、一度は「やめる理由」を聞きます。これは、中学時代にきちんと話を聞いてくれる人がいなかった私の、自分への約束。必ず一度は「話を聞く」。そして、考えに考えての「やめる」だとわかる人には、「あ、そう」で終わり。

そうではなくて、話を聞くと「仕事に行き詰まっている」とか「家庭の事情で」「経済的に今は」とか、それぞれに理由を語ってくれることも多々あります。

大体、そういう子の場合は、話したそうにしているのがわかるもの。そういうときには相手の理由に合わせて「私も昔、こんなことがあってね」と経験談を披露することにしています。

すると、「え、先生もそんなことがあったんですか」と言ってきて、会話をすることで気持ちが落ち着いていきます。そして、「私も困ったことがあるある。なんぼでもある」と言ってやると、相手の切羽詰まったような気持ちも晴れていくわけです。

そして、「事情が変わったら、また一緒にやればいいよ」と言って別れます。

相手の話にもよりますが、なるべく私の「つらかったこと、いやだったこと」などを話してやることにしています。そのほうが絶対、相手の気持ちを楽にさせる効果があります。成功談より失敗談。相談相手には、絶対これです。

成功談は自分では気持ちがいいかもしれませんけれど、どうしても上から目線の話に聞こえてしまいます。人の自慢話を聞くほど堪えがたいものはありません。

ここまでは、きちんと「やめます」と挨拶をしていった人たち、きれいに別れた人たちの話ですが、逆に、挨拶にも来ないでやめていく子もいます。最近ではメールで「退会します」「やめます」と送信しただけであとは音沙汰なし、という子も増えました。

実は、こういう礼儀知らずは若い人だけではありません。というより、年齢ではなく生き方の問題。年配の人でも、何の挨拶もなしに平気でやめていく人がけっこういるのです。

どうなってるの、と思いますし、あきれてものも言えません。こういう人は、どうぞご勝手にと言うだけで、一切無視。人生の出処進退、とりわけ「別れ方」に人の本質が出るような気がしてなりません。

嫌いな人と無理に付き合うと運を下げる

一切無視。そういう対処の仕方をすることはありますが、そのことによってこちらが「孤立感」を感じたことなどは一度もありません。それは、私が「いい人」に囲まれてここまでの人生を歩んでこれたからだと思います。人間関係に恵まれたと言うべきでしょうか。

よく「嫌いな人はいますか？」と訊かれることがありますが、答えは「いません」。なぜかと言えば、「嫌いな人」は寄せつけないから。自分の周りに「嫌いな人」を置かないから。

嫌いな人と付き合っても、ろくなことはありません。気分が悪くなるだけです。

確かに、仕事上などで会わなければいけないことはあるでしょうけれど、好きな人でなければ、その後の付き合いをすることはない。しなくてもかまわない。ましてや、プライベートな付き合いまでする必要などまったくない。こういうことです。

いやな人と付き合うのは時間の無駄。その人に関して頭にくること、いやなことがあったとしても、時間がもったいないからその人のことは考えない。一切無視。周りに近づけない。

そういう人と無理に付き合っていると、運も下がるし、ろくなことはない。そんな時間があるなら、好きな人、いい人と付き合う時間を作ったほうがいい。そのほうが絶対、運が向いてきます。

それは「腹が立つ」ことも多々あります。ほんとにこの人、「むかつく」ということもよくあります。悔しい思いをさせられることも、再三再四です。

でも、すぐに忘れます。これは自分でも最高にいい性格だと思っています。あるいは、たとえばかなりむかつくことがあったとしても、「この人は、もうええわ。ハイ、さようなら」という感じで、すぐそこで切り替えます。そのように訓練しています。

もともと、グジグジと後悔を引っ張る性格ではありませんけれど、訓練によって余計にそういう切り替えがうまくいくようになりました。

腹の立つようなことをされた相手がいて、これはしばらく「むかつき」が続きそうかな、と思ったときでも、「まあいいか。この人はこういう人や」ということにして、自分の中で関係をハサミでバチッと切ってしまいます。それで、おしまい！

「ヘゴな奴」とは握手をしない

実際、この世の中、いやな人間はいっぱいいます。ですから、出会わないわけにはいきません。では、どうするか。その後、相手にしなければいいのです。

土佐の方言で、「ヘゴな」という言葉があります。さまざまなニュアンスを含んだ、実に味わい深い言葉で、私にとっては非常に重要なキーワードの一つになっています。

つまり、「ヘゴな」ことはしない。「ヘゴな」人間にはなりたくない……。

詩人の川崎洋さんの著者に『かがやく日本語の悪態』というとても面白い本がありますが、その中で川崎さんは、土佐の方言「ヘゴ」について、次のように書いています。

●へご〈高知〉……「へご」は悪質、粗末、下等などの意味を表します。

そして用例として「こら！　おんしゃー、げにまっことへごなにぁ。ええ加減ぼけかすかと思うちょったら、まだその上をいきゆうアホーやにぁ。こびんすでテンクローやき、てこにあわん」を挙げ、これを「こら！　お前はまったく最低だなあ。いい加減馬鹿だと思ってたら、まだその上を行くアホーだなあ。小ざかしく生意気だから、手に負えないよ」と意訳してくれています。

悪質、お粗末、下等、最低、馬鹿、アホー、小ざかしい、生意気、手に負えない、などなど非難の嵐。土佐の人間で「へゴな奴」「へゴなことをした」と言われれば、もうおしまい。大げさに言えば、生きていけない。それくらい強烈な言葉だと私は肝に銘じているのです。

でも、世の中には、「へゴな」人間がいるのも事実。私は今挙げたような「へゴの要素」の他に、理不尽なことを言う人、権力ずくでもの言う人、いつでも上からものを言う人、人を見下す人、権力のあるほうにおもねる人、媚びへつらう人、弱いと見たらすぐに横柄な対応に変わる人、人のふんどしで相撲をとってさも自分の手柄のように言う人、美味しいところだけ横取りする人、相手を見てコロコロ態度が変わる人、人に感謝しない人、人の懐具合をあからさまに、しつこく聞きたがる人……こういう連中を「ヘゴな」人間と見定めて、一度は会うことはあっても、握手はしない、そして二度と会わない、と決めています。

そういう「ヘゴな」人間と時間をともにすると、こちらまで「ヘゴ」になりそうな気がするからです。

その相手が「ヘゴ」かどうか……は、会ったそのときから、もしくは5分くらいのやり取りの間にわかるものです。人間性は顔に出ます。言葉に出ます。態度に出ます。

ちょっと例を挙げておきます。

何がエライのか知りませんが、はなから「女はだまっちょけ」みたいな態度でくる人。これぞ「理不尽」の塊です。また、ほんとにそう思ってもいないのに、さっきまで人の話をしらーっと聞いていたのに、別れ際に「頑張ってねー」といかにも気にかけているような声を出す人。まったくウソっぽい対応で、「はあ?」であります。

「扇谷さん、これで給料もらってんの？　どうやって食べてんの?」と、平気でズカズカ土足でこちらの感情に踏み込んでくる人。別に親しいわけでもないのに、ものすごく不愉快なもの言い。まさに「それがどうした！」というわけで、このときばかりは「やかましい！　あんたに関係ないやろ！」と言ってやりました。

「ヘゴな奴」という認識表示が出たら握手しないで、さっさと関係を断つ。こういう判断基準、ぶれない自分の軸を持つことも大きな流れを作り出すときには重要ポイントだと思います。そうしないで、「ヘゴな奴」とずるずる付き合っていると、肝心の「いい人」との関係も阻害されるかもしれません。

人生、二回はないけれど、二回分生きられる

運とかツキという話になれば、私は一度も「私はツイてない」と思ったことがありません。ここまで書いてきたように、家庭環境に恵まれたわけではありません。むしろ、恵まれなかったと言っていいと思います。それでも、それで自分はツイてないとは一度も思いませんでした。

人は人。私は私。そういうふうに割り切ることが大事。そういうふうになってし

まったというだけで、ツイてる、ツイてないという話ではありません。

勉強ができる、できないというのは努力の問題でもあるので、これは自分の責任。でも、自分が生まれてきた環境、生まれ育った背景というのは、これは子どもにはどうしようもありません。ですから、よそはよそ、うちはうち、というふうに考えるようになりました。

これが恵まれた環境であったならば、そんなふうにならなかったかもしれません。ですから、子どもながらの一つの納得の仕方だったのでしょう。

私も、父親がいたときはまだ経済的な背景もあって塾も行かせてもらったし、習いごともさせてもらいました。ただ、いいおうち＝ピアノ、というイメージのような家ではありません。そのことはわかっていて、でも、それについては私は外で遊ぶほうが好きだからピアノなんか興味がない。だから関係ない。そんなふうに「人は人」という考え方を身につけてきたのだと思います。

この感覚は、今も変わりません。

たとえば、人に「こうしてほしい、ああしてほしい」と思うことはあります。これは誰にでもある願望でしょう。これも、本当にその願望を実現したいということになれば、自分でそれをつかみに行けばいい。それだけです。

今が一番大事。これが一番肝心ですから、「あのとき、ああすればよかった、こうすればよかった」と思い悩むこともありません。時すでに遅し、ということもありますし、「あのとき、ああすればよかった」と言っても、「あのとき」にはたぶんそうできない事情があったのだろうと理解しています。終わったことをあれこれ言っても仕方ないのです。だから、どう切り替えるか。これが肝心です。

私は、終わったことをあれこれ思い煩うよりも、それはそれ、言ってもしょうがないこと、と割り切って、切り替えて、今をどうするか、これから先をどう切り開くかに力を注ぐほうがよほど大事だと考えてきました。

これが「扇谷ちさと」の流儀の基本です。

人生、二回やるわけにはいきません。限られた時間の中で、これから役に立つことをどうするのか、です。やらなければならないことは、いっぱいあります。

先に、専業主婦の頃、社宅でご一緒だったみなさんは、今の私、赤い衣装を着て路上で踊っている私、もろもろの会議で最初に発言している私を見て、同一人物とは思えないかもしれない、と書きました。そのように、というのは変かもしれませんが、人生、二回やることはできないけれど、二回分生きることはできるかもしれない、というのが私の生き方です。

「運」については、たぶん、何もしないで、寝ていて向こうからやってくるものではないだろうと思います。これは日々の努力の中から生まれるものでしょう。その上で、「自分は運がいい」と信じること。不運なときでも、そう思うように心がけています。

人間関係には、ちょうどいい距離感がある

下手にダンスの才能があったなら、私は「よさこい」をやっていなかったと思います。自分は舞踊家、アーティストだと思っている人は、やらないでしょう。「よさこい」の踊りは、誰でもできる。振り付けを覚えたら、今日からでも参加できる。「よさこい」は踊りの才能を競い合っているわけではないのです。

私は自分でダンスの才能があると思ったことは一度もありません。これは、うちのメンバーにも正直に言います。

「私は、人より全然踊れてないと思う」

踊りが飛び抜けて上手だったわけではありません。周りにはもっとすごい人が何人もいました。

確かに、10代で「ディスコダンス四国大会」に優勝したりしました。コンテストについては、自信満々。でも、それはダンスがうまいと思っていたわけではなくて、「私なら優勝できる」と、何の根拠もなく思っていただけ。ですから、そういうものは才能とは別物。全然才能はない。ないけれど、好きだったということです。

もっと言えば、私はダンスが好き、踊りが好きというより、「よさこい」が好きだという話。むしろ、ダンスの才能がないから「よさこい」をやっているとも言えます。「よさこい」の踊りは、グループパフォーマンス。才能のあるなしにかかわらず、ダンスパフォーマンスとして楽しめるのが「よさこい」。作品という見方をするならば、チームとしての作品です。

ですから、あえて言えば、私にはおそらく組織とかグループを作ることのほうが合っていたということになるでしょう。あるいは、人に教えるということが合っていたということでしょうか。

人に教える、育てる、指導するということでは、「相手に深入りしない」ということをモットーにしています。

「よさこい」のような群舞では、ちょうどいい人と人の間隔、距離感というものがあって、それを私は「車間距離」になぞらえて「人間距離」と言っているわけですが、それと同じように、精神的にも人間と人間の間にはちょうどいい距離感があるということ。これは、友人でも、師弟でも、夫婦でも、兄弟でも言えると思います。

具体的に言えば、相手のことをあまり知ろうとしないこと。相手のことに深入りしないこと。相手との距離を縮めないで、ある程度の間隔を置いておいたほうがいいということです。相手が言いたくないことがあれば、聞かない。このタイミングでこういうことを言うと相手もいやだろうなということは言わない。それでよし。

何でも、深入りしてしまうと長く続かないような気がします。すべてを知ろうとしなくていいのです。

ですから、踊りの練習のときにはみんなにこう言います。

「私とあなたの関係は、練習の時間の間だけのこと」

つまり、教えるのは踊りのことであり、師弟関係はこの時間の中のこと。「お疲れさま」と言って練習場を出たら、プライベートのことなどは一切聞かないし、興味もない。

この場で言っていることがすべて。だから、今日は怒られたとか、きつく言われたとか、いちいち後々まで気にしないでね。ここを出たら、また普通の関係だよ……。ある目的に限定した「関係」なのであって、当然ながら、それ以外は関係ありませんよ、ということ。よく学校の先生とか会社の社長が、プライベートな時間でも先生気取り、社長気取りで「おい、○○」と言うのを聞きますが、それはダメだと思います。

そういうのが「親しさ」の表現だと勘違いしている人がたくさんいるし、なぜそれがダメなのかわからない人も、まだまだたくさんいます。困ったものです。

いやいややっても仕方がない

才能というほどのことではありませんが、やはり踊りには上手下手があります。器用な子と不器用な子と言ってもいいでしょう。でも、上手な子を特別扱いすることはありません。同じ仲間だから、同じように教える。ここが、「よさこい」では大事なところです。

小さい子には、振り付けについて、ここで手を上げてとか、首をこっちに向けてとかは教えますが、「こうしたらきれいに見える」とか「形を整えて」といった細かいことは言いません。好きなようにさせます。踊って楽しい、それが一番です。

もっと上手になりたい、と思うきっかけは、必ずあります。そのときが必ず来ます。そう思うようになったら、伸びます。見ていて、お、顔つきが変わったな、目つきが変わったな、とわかる。こういうのが指導者の醍醐味ではないでしょうか。

私も指導者のはしくれとしていろいろな人を見てきて思うのは、練習の復習をしてきた子と、してない子は明らかにわかるということ。これは私自身にも言えることなので、子どもたちを見ていて気づかされること多々、というわけです。

子どもたちには、規律とか規則とか細かく言うのはやめています。なぜならば、ああしろ、こうしろと言わなくても、子どもはちゃんと私が指導するのを見ていて、やらなければならないことは、きちんと腹に入っているからです。ですから「はい、並んで」と言うとさっと並んでくれます。

子どもの力はすごい。子どもの力を信じることです。

いずれにせよ、いやいややっても仕方がない。プロならば、いやでも何でも練習しないと人に見せられないものになってしまいます。でも、「よさこい」はそれでご飯を食べているわけではありませんから、休みたいときは休めばいい。いやいややっても、身につきません。

「よさこい」は基本的に祭り。みんなの祭り。私が大事にしたいのは「一人一人が祭りの顔」ということ。一人一人が輝いてほしい。ですから、誰かが目立つ、ということも、ベテランだからどうこうということもない。ベテランが古株気取りをしたら、きちんと注意をします。ベテランも、昨日入った子も、私にすれば、みな同じ。

会社ではないし、学校のクラブ活動でもない。「よさこい」はみな平等。そうしないと、チームとしてのいいパフォーマンスはできないと思います。

▶27歳で上京後、結婚、専業主婦の生活を経て、再び「よさこいの現場」へ。1999年にTOKYO夜さ来いCOMPANY代表、2002年に首都圏夜さ来い祭り振興協議会会長と、次々と重責を担いながら、踊りの先頭にも立ち続ける。

◀2002年の11月に「ドリーム夜さ来い祭りinお台場」がスタート。2005年からは東京都やフジテレビなどとの共催となり、ますます発展。各界重鎮と並び、ドリーム夜さ来い祭り実行委員会委員長として、セレモニーでの発言機会も多くなった。

第6章

世界のみんなの祝祭へ ニューヨーク・タイムズスクエアへの道

日本全国、世界各地で「よさこい」の祝祭空間を

私たちの活動の目的は、「夜さ来い祭り」を地域の人々とともに創設、主催し、地域のみなさんが歌い踊る中で喜びを共有できる「祝祭空間」を現出させるところにあります。「よさこい」踊り子隊チームのプロデュースや踊りの指導はそのための方法の一環として位置づけられているわけです。

本書も最後の章となりました。そこで、この15年の活動の中で、「地域でのよさこい」はどういう変遷をたどったのか、どういう紆余曲折を経て発展してきたのかを振り返ってみたいと思います。

具体的に言えば、それは、東京や関東圏での各地の「よさこい」の企画・プロデュース、あるいは「夜さ来い」踊り子チームとしての参加など一歩、二歩を重ねながら、お台場を経てニューヨーク・タイムズスクエアにいたる、長く曲がりくねった道でした。

思えば、プレゼンテーションの困難さや、交渉のトラブル、なぜか前に立ちはだか

ろうとする「ヘゴな」人たちの出現などなど、波乱万丈の彩りに満ちた15年でもありました。

まず、1999年の「TOKYO夜さ来いCOMPANY」設立の翌年に手がけた二つの対照的な商店街の案件を振り返ってみましょう。

2000（平成12）年、あるターミナルゾーンに隣接した古くからの商店街の依頼により、祭りの立ち上げをプロデュースします。そこでは、戦後ずっと何十年も神輿《みこし》の出る神事系の祭りをやっていて、その出し物的にたとえば「佐渡おけさ」のような各地の民謡・民舞を入れていました。

そういう中で、同年の春に今年から本格的に「よさこい」をやりたいという要請が「TOKYO夜さ来いCOMPANY」にありました。プロデュース依頼です。

どうも先方は札幌の「YOSAKOIソーラン」的なイメージを持っていたようですが、やっぱり本格的にやるなら本場の高知の「よさこい」を見てもらわないといけない、札幌も形は似ているかもしれないけれど、町と祭りの一体感がまるで違うから、ということで、主催者に高知まで見学に行ってもらったことを思い出します。

その次に関わるのがブランドショップが並ぶことで知られる「おしゃれな街」の商

店街とのコラボでした。同じ、2000年のことです。

こういうふうに書くと、順風満帆に依頼があり、話が展開していったような印象があるかもしれませんが、決してそうではありません。実際は、実に素朴なコミュニケーションの積み重ねでした。

たとえば、早くから「よさこい」などを取り入れて盛り上がっている街の祭事には、他の町の商店街の方々も「何か町おこしのヒントはないか」ということで見学に来ています。そういう方々と名刺交換をし、私たちはこういうことを考えていますよ、こんなことができますよ、将来はこういう構想を持っていますよ、という基本的なプレゼンテーションをします。

あとは向こうから連絡があるのを待つという、「待ちの姿勢」。まず、こちらの基本姿勢をきちんと見せて、理解しておいてもらおうという気持ちでしたが、そういうあまり「ガツガツ」と営業的な動きをしないというのがかえってよかったのかもしれません。

商店街の方々は当然ながら商売人ですから、みなさん、人を見る目は持ってらっしゃる。そういう方々に、私たちの姿勢や考え方を認めていただいたのはうれしいことでした。

ただ、伝統的な神事系の祭りや、そこにこだわりを持つ古いコミュニティと「よさこい」のような「新しい祭り」との兼ね合いに、むずかしい部分があることも経験させてもらいました。つまり、そういうところで無理なコラボは禁物。撤収するときは、さっと引く。こういう出処進退の潔さも、逆に活動を長続きさせる基本要件だと考えています。

関係者、事情通が多くなると、話は混乱する

さて、もう一つの日本有数の「おしゃれゾーン」でのイベント案件。この地域では、夏から秋には、これといった催事はありませんでした。そこで、これは一度、話をしてみる価値があるかも、ということで商店街事務所にアポを入れ、すぐに挨拶に行きました。「飛び込み営業みたいやね」と糸川と笑い合ったものです。

どうなるか、あとの展開はわかりませんけれど、ともかく一回会って「こういうの

はどうでしょう」というプレゼンをさせてもらわないと話は進みません。そうして事務所に伺うと、事務所内の棚に「よさこい祭り」に関するビデオが数本。これは脈があるかもしれない、ということで話に熱が入りました。

こちらもトントンと話が進み、やはり本場高知の「よさこい祭り」を見てみましょうということでカメラマンが派遣されたりして、一気に開催の方向に動きが加速し始めたところで、問題になったのは開催時期。関東圏のよさこい系の祭事を見ると開催時期はほとんど秋。それは逆に言えば、こういうイベントは集客とか出演チームの都合などで秋が開催しやすい時期だということを示しているわけです。

ですから、私たちも秋の開催を提案していたのですが、先方は2001年の夏の開催をイメージしているということがわかったのです。

その調整をどうするのか、という問題と、もう一つ、「人気ゾーンでのイベント」ということで、テレビ局とのコラボレーション企画という問題が浮上してきました。

こういうビジネスがらみの話になると、なぜかいろいろな人がさまざまな事情でからんできて話の筋がこんがらがってきます。いわゆる「イベントのプロ」と称する人や高知の事情通や当該商店街の関係者や、と旗振りが多くなると、例によって例の如く、当然話はまとまらない方向へ。会議をやっても、何のために誰が招集したのかわからないような状態。結論も出ないまま解散というようなこともありました。

そのうち、暗闇から鉄砲を撃たれるような形で私への誹謗中傷がネットで流れ始めたり、水面下の動きが激しくなったり、といった感じで、話の立ち上げに関わった私たちではあるけれど、どうやらこれ以上コラボするのはむずかしくなりつつあることがわかりました。

残念な展開ではありますが、決してもめたわけではありません。「ヘゴな人」が「ヘゴなこと」をして混乱したのでなければいいが、と思うばかりです。

こういうふうな流れになったら速やかに方向転換するのが「扇谷ちさとの流儀」。こちらから次の「祝祭の地」への転進を図りました。

そこで浮上してきたのが、幕末以来の東京湾の埋立地、「お台場」だったのです。

「ドリーム夜さ来い祭りinお台場」

こうした古い商店街案件やビジネス先行になりがちな案件から撤収した時点で、「もう既存の町で、私たちの〝よさこい〟の話を進めるのはむずかしいかもしれないな」という認識が生まれていました。つまり、既存の街には既存のコミュニティがある。そこに割って入って新たな祭りを作るエネルギーがあったら、まったくゼロから作ったほうがいい、いろいろなしがらみがないところのほうがいい、ということです。

これは、いくつかの街での実体験から学習させていただいた結果です。でも、東京でそういったしがらみのないところ、「白地図」的な場所、といえば、お台場か、あるいは……これは笑い話ですが皇居前広場か、という話になりました。

こうなると、お台場に的を絞ってプランを進めよう、いや、それしかない、ということで、プレゼンの対象も「臨海副都心まちづくり協議会及び東京都」と判明。「まちづくり協議会」はフジテレビが関わっているので、それではまずフジテレビに電話してみようというところから動きが始まったのでした。まったく、学園祭のようなノりの話です。

そうして、フジテレビに電話をすると「まちづくり協議会」担当という人が出てきて、事務局に連絡してください、と電話番号を教えてくれ、そこでアポがとれることになったという段取り。さて次は……。

こう書いていてもわかるように、もう、素朴すぎるくらいの、手作り感満載の手法ですが、こういうマニュアルに頼らない「人間臭い」やり方も私たちらしくていいよなあ、と思っている次第です。

お台場という地域は、ご存じの通り「世界都市博」で発展が期待されたところですが、青島幸男都知事時代にそれが中止になって一頓挫したという経験を持っている街。そこにお台場地域の企業、団体、自治体の会員組織である「まちづくり協議会」があります。

この「まちづくり協議会」くらいの組織になると、窓口がしっかりしていて、これは非常に助かりました。そして、「目的」意識もはっきりしていました。これも、こちらにとっては戦略・戦術を立てやすいという意味でありがたい点だったのです。

その頃の「まちづくり協議会」の意向とは何か。「都市博」中止の影響が残る中、多くの人が集まる街にしたい、ということだったと思います。端的に言えば「集客」です。ですから、「夜さ来い」開催の企画書もこの点に留意して書き上げました。このあたりは、事務局長・糸川研也が大活躍の担当分野です。

1回目の企画書は「趣旨はわかりました」というお役所的な返答ながら、そこに「何をどうするのか、もう少し具体的に書いてください」という実質2回目の提案を求める注文がついていて、「おおッ」という感じで事態が動き始めました。

2回目の企画書には「2002年に、最大100チームの出場で開催したい」という目論見を書き込んで、「これはいいイベントになりそうだ」という評価をいただいたのです。

2001年の秋のことでした。このときの企画書のタイトルに初めて「ドリーム夜さ来い祭り」の名前が登場します。お台場を夢のある街に、という意味ですが、もちろん私たちの「夢」でもあったわけです。

裏話を言えば、以前にやろうとしていた企画のタイトルイメージに「ドリーム」を考えていたという経緯もあったのですが、実際にお台場で日の目を見るかもしれないとなると、いかにもここが「ドリーム夜さ来い祭り」にふさわしい場所だと自信を持って言えるようになるのですから、人の気持ちは不思議です。

何しろ、海に向かって広がる土地柄、明るい日差しは高知の「よさこい」を彷彿とさせてくれてうれしくなります。うまく話が進むことを祈っていました。

自分たちの「祝祭」は自分たちで作る

「ドリーム夜さ来い祭りinお台場」。このプランを具体的に進めるために、祭りの主体となる組織の立ち上げが急務となりました。そこで考え出されたのが「首都圏夜さ来い祭り振興協議会」です。

ここまで、「TOKYO夜さ来いCOMPANY」を糸川と二人三脚でやってきたのですが、本当に手さぐりで進めてきたと言ってもいい状況だったと思います。アドバイザーもいない。コネクションもない。基本的にお金集めもしたことがない。ないない尽くしの中で、ともかく相手先の胸もとに直球を投げ込むようなプレゼンを続けるしかありませんでした。変化球を投げるような「知恵」もなかったのです。

それでも活動を続けていると、有力な助っ人が現れてくれるもの。糸川が学生時代からお世話になっている早大の事務職員の方が組織作りなどについての的確なアドバイスをしてくださったことも忘れられません。主催者としての「首都圏夜さ来い祭り振興協議会」というアイデアもその方やデザイン・企画会社を経営している西野治雄さん（現・ドリーム夜さ来い祭りグローバル振興財団副理事長）たちとの相談の中から生まれたものでした。

これまで経験した中では、「お金は商店街のほうで集めてくるから、私たちは祭りのコンセプト作りや段取り、出演者の確保といった部分の担当」というふうに思っていて、基本的に主催者としてお金集めから始めて泥んこになるという経験がありませんでした。

でも、このときから、「夜さ来い祭り」という「みんなの祝祭」は自分たちみんなで作るんだという腹が据わったのだと思います。

プロデュース組織から主催者への変貌。これは三段跳びくらいの大ジャンプだったわけですが、このときはまだそれほどの実感がなかったのでした。

というよりも、あまり深く考えてなかったというのが正解でしょう。何も怖いものなし。それよりも、この「ドリーム夜さ来い」のような楽しい、夢のある企画は、自分たちがやらなければ、きっと誰かがやる。だから「やられる前にやる」。そういう意気込み、切迫感のほうが強かったのです。

そうして、首都圏、関東圏の有力な「よさこい」チームが「首都圏夜さ来い祭り振興協議会」に集まってくれました。

その中に、神奈川県海老名市で私が指導する「よさこい」チームを立ち上げていた鈴木守さん（ダスキンエビナ社長）や静岡県伊東市で「よさこいソーズラ」実行委員長を務める佐々木信博さん（佐々木海産社長）、また首都圏の「よさこい」チームでは老舗格の埼玉県朝霞市の「武州武蔵」代表・和智繁朗さんなどがいました。多士済々の顔ぶれで、現在、鈴木さんには「ドリーム夜さ来い祭りグローバル振興財団」の顧問を、佐々木さんと和智さんには同じく副理事長を務めていただいています。

まるで梁山泊《りょうざんぱく》のような集まりで立ち上がった「首都圏夜さ来い祭り振興協議会」でしたが、このときに和智さんが言ってくれた言葉を今でも思い出します。

彼はこう言ってくれました。

「最初にお台場で〝夜さ来い〟をやると聞いたときは、それは無理だろうと思った。

夢のような話、荒唐無稽な計画だよと思った。でも、本当にそれが自分たちの協力で実現できるのならば、これほどうれしいことはない。何しろ、お台場は東京の最先端地域だというイメージが我々埼玉県民にはあるから、そこで踊れること自体がうれしい。ついでに言えば、海のない県の住民としては、海のそばで、というのもうれしい。喜んで参加させてもらいますよ」

「あきらめる勇気も必要ですよ」と言われて

2002（平成14）年の3月、「首都圏夜さ来い祭り振興協議会」を設立し、私は会長に就任。39歳の春でした。

やるとなれば、積極的なアピール、キャンペーンも必要です。その一環として、新聞社を訪問して「ドリーム夜さ来い祭りinお台場」の開催について紹介記事を書いていただこうということになりました。

そのときに対応してくれた担当者の方は、私たちの話を「ふんふん」と聞いていて、即座に「無謀だ」と思ったのでしょう。今なら、そう言われるのも仕方なかったかな、と思いますが、当時は頭がくらくらするほどのことを実に冷静な声で言ってくれたのでした。

「あきらめる勇気も必要ですよ」

これを聞いたときは「何を！　ふざけるな」という思いが一気にこみ上げてきて、ほんとに「ふざけるな！」という声を出しそうなのを必死でこらえたことを覚えています。

そこは何とかこらえたのですが、「よし！　必ずこいつを見返してやろう。やり返してやろう」という気持ちが燃え立ちました。絶対に成功してやる。成功させないでおくものか。

またしても「はちきん魂」に火がつきました。

「あきらめる勇気」？　そんなしゃれた勇気はあいにく持ち合わせていない。

大新聞社のような大きな組織にいる人は、そうやって「あきらめる勇気」を持って生きてきたのかもしれません。権力ずくで、横柄に、えらそうに、理由もなく上から目線でものを言われても、「あきらめる勇気」で引き下がるのがいいことだったかもしれません。

それは、引き下がらなければ「失うものがある」ということ。そのリスクと天秤にかける勇気が「あきらめる」ことなのか。私たちには「失うもの」はない。あるのは「私と仲間たちの夢と誇りを守ること」。ならば、こんなことを言われて、あきらめるわけにはいかないでしょう。

私だけでなく、同行した「首都圏夜さ来い祭り振興協議会」のメンバーもその担当者のもの言いに強烈な反発を感じたらしく、その場にいた、けっこういい大人たちが「あれは、本当に頭にきた」と口を揃えていましたから、どれだけ嫌味な、横柄な言い方だったか、おわかりいただけるかと思います。

ただ、結果としては、その担当者のこのひとことが立ち上がったばかりの協議会の結束を固め、みんなの背中を押してくれることになったのですから、面白いといえば面白い話。

絶対、成功させよう。必ずあいつの鼻をあかしてやろう。ここからみんなの奮闘が始まりました。

「言ったことは、やる」有言実行、奇跡の10年

しかし、現実は意気込みだけでうまくいくほど甘くありません。御多分にもれず「総論賛成、各論反対」。お金も集まらない。後援名義も集まらない。地元の目も冷たい。

一緒にやってくれるはずの「まちづくり協議会」の会員企業の中でも一部に反対の声が出始めます。つまり、「夜さ来い祭り」の実態がイメージできないというわけです。見たことがなければ「それは何ですか」と言うのは当たり前で、なかなか話が通りません。

協賛をお願いするのも、「まちづくり協議会」の名簿を見ると大企業がずらっと並んでいますから、これはいける、と踏んだのは素人考え。そうはうまくいかず、名簿を頼りに一社ずつ訪問してお願いして回りました。

もう、靴はボロボロ、疲れ果てて座り込むような日々。それでも、「有言実行」、一回やればあとが続くということを信じて各方面への働きかけを続けたのです。

それにしても、早くから後援を決めてくれたところでさえ「本当にやるんですか？」と言ってくるくらいですから、そうでないところの視線が冷たいのは当然のこと。今や笑い話ですが、「首都圏夜さ来い祭り振興協議会」の仲間も当日現場に来るまで、「ほんとに今日やってるのかな？」と半信半疑だったそうです。

どれくらいドタバタしながらの開催だったとしても、最後にはすべてスムーズにいったように見えるもの。やりきるか、つぶれるかで大違い。ここを頑張らなきゃ、意味がない。「言ったことは、やる」。そんな気合いで乗り切ったのでした。

この年の7月に祭りの主体を担う「ドリーム夜さ来い祭り実行委員会」を設立して実行委員長に就任。祭りの具体的な姿が次第に見え始めました。

そうして2002年の11月22日と23日の両日、第1回「ドリーム夜さ来い祭りinお台場」が、41の「よさこい」チーム、2000名の参加をもって開催されました。

キャッチフレーズは「東京から日本の夢を世界に発信」。りんかい線の開通と合わせてほしいという要望に応えてこの日取りとなったのですが、11月の下旬、かなり寒い天候の中、みんな元気に踊り続けてくれたのでした。

いきなり8会場で同時開催というのもかなり無謀で、その仕立ても大変苦労しました。今考えると、もう少し賢いやり方があったかなと思いますが、そのときはいわば「猪突猛進」状態。

最近の総括文章に私は、この「ドリーム夜さ来い祭り」立ち上げからの最初の10年を「奇跡の10年」というふうに書きましたが、まさに「組織ゼロ、資金ゼロ、ノウハウゼロ、すべてゼロからの出発」だったのです。

事実無根の誹謗中傷は、きっちりはね返す

2003年の第2回「ドリーム夜さ来い祭りinお台場」は、江戸開府400年記念事業推進協議会（東京都・東京商工会議所などで構成）と共催という形となりました。また、私のプロデュースで「ドリーム夜さ来いオフィシャルチーム」も発足し、普及活動の中心を担うことになります。

2007年の第6回からは、東京都・フジテレビとの共催になって、今に続く形が完成。そうした経緯にともなって、東京都関連のカレンダーやビデオにも「ドリーム

夜さ来い祭り」の情報が入るようになっていきました。

この間、現在テレビキャスターなどで活躍されている橋本大二郎さんが高知県知事時代に私たちの活動に賛同されて、わざわざ自らフジテレビの日枝久会長に協力要請の手紙を書いてくださったということがありました。このとき以来の友好関係の中で、現在の「ドリーム夜さ来い祭りグローバル振興財団」でも橋本さんには理事と名誉会長を、日枝さんには顧問をお願いしています。

スタート時点のことを思えば、まさに「ドリーム」が実現していっているように見えるかもしれません。言ったことはやる。実現にこぎつける。やったという実績を残す。このことの大事さを改めてかみしめて、日々気持ちを新たにしています。

このように東京都公認の催事となり、関係者の数も増えてくると、すべての人間関係がスムーズに、というわけにはいかなくなってきます。また、規模が大きくなればさまざまな「苦情」が出るのも当たり前のことです。

あるとき、どうも会議の様子が変だ、ということがありました。訊いてみると、最初私たちと協力関係で開催に関わってくれていた人が、いつの間にか「苦情」側に回っていて、あることないこと、私たちの悪口を広めているということがわかりました。「〝夜さ来い〟は音がうるさい。とんでもないイベントだ。それをいくら言っても改善しようとしない。どうしようもない連中だ」。こんなことを言っているようなのです。

もちろん、「苦情」に対しては誠心誠意、きちんと対応しなければなりませんし、そういう努力は続けています。一方で、東京都共催の祭りであり、公のイベントとしてもどうやって継続していくかを考えなくてはなりません。

ましてや、その悪口を言っている人は「継続させよう」とすることに力点を置くべき立場。一体どうなっているのかわからなかったのですが、その人はキャリアの中でずっと大きな組織の権力を背景にものを言ってきた人物で、どうやら私たちが彼の前に「ひれ伏さない」ことが気に入らないのが原因のようだということがわかりました。

権力ずくでものを言い、見下すように人に対してきた人間にとっては、私たちのような小さな組織の者が対等にものを言ったり、言うことに従わなかったりするのはどうにも気に食わないことだったのでしょう。自分の思い通りに動かない人間というのが憎かったのではないでしょうか。

認可する立場ばかりにいると、自分の力でもないのに、えらそうになってしまう。

よくありますが、とんでもない勘違い。そうした体質に、「男尊女卑」的な基礎思考が重なって、まともなコミュニケーション能力がなくなっていたのでしょう。このままでは「ヘゴな奴」を野放しにしておくことになります。

実際、それまでの経緯もありますから、しばらくウォッチしていたのですが、まったく事実無根のことまで悪口陰口を言い始め、実害も出始めたので、これはきちんと対応しなくては、ということになりました。

そうした折、その彼から電話口で「人間じゃない」と言われたのです。悪口陰口、誹謗中傷もここまできたら「もう、許せん！」というわけで、風評被害、名誉毀損も含め刑事告訴も考えました。

結局、各関係方面に「彼の発言は事実無根です」という確認をしてもらって、私たちはその人とは以後一切接触しない、という対応でまとめました。

先に書いた「ヘゴな奴とは握手しない」の原則通りの対応です。しかし、何が気に入らなくて、事実を曲げてまで人を誹謗中傷するのか、と思います。

事実を曲げるといえば、ある大学教員という人物にもひどい目に遭いました。2012年にさる大学とインターンシップ事業で提携し、学生12名を運営事務局で受け入れたことがあります。ただ、残念ながらこの提携は一年で終了。なぜならば、この件に関わった大学側の教員が自己都合優先・公私混同で約束は破るわ、事業についてのまともな報告はないわ、という「教員」の職名に値しない行動をしたことで、とてもこれでは提携を継続できないと判断したのでした。先方の学長も「申し訳ない」と言ってくれた一件です。

ところが、このことに関しても、私を「人間じゃない」と言った彼は、私たちのほうが勝手に提携を切った、いい加減な奴らだというふうに言いふらしていたのです。まったく人間は、学歴や役職やらではないな、と実感したエピソードでした。

「自由の女神」に導かれて

こうした紆余曲折を経ながら、それでも2009年には初めてお台場以外の地域である丸の内エリアでの実施がスタートし、さらにそれが2010年には有楽町エリアでも、ということになりました。今や、60万人の観客を集める東京を代表する催事・

祭事に成長したわけです。

でも、そうした成長・定着の歳月の中で、私の胸奥で響いていたフレーズがあります。

「次は、ニューヨークやろ！　ニューヨークやろ！」

実は、何とか1回目のお台場での開催にこぎつけ、2回目をやろうかという相談をしている頃のこと。

「お台場の次は、ニューヨークや！」

こう、私は叫んでしまったのです。

2003年の初めの頃。周りには私を支えてくれる「首都圏夜さ来い祭り振興協議会」の面々がいたのですが、みんな、絶句。この人、何を言ってるんだ、という空気の中、和智さんがワハハハと大笑いしながら合いの手を入れてきました。

「風呂屋の入浴か？　大江戸温泉だったら近くにあるから、すぐ行けるよ、扇谷さん」

みんなが驚くのも、絶句するのも、もっともな話です。言っている本人が、自分は何を言っているんだろう、と思っていたのですから。何の根拠もないくせに、あまりにも明確な目標設定でした。

ですから、「風呂屋の入浴か?」のギャグにはみんなが大笑い。

ただ、私だけは笑えません。

「アンタ、よう言うたね。見よりよ!」

と彼をにらみながら、早速はちきん魂をメラメラと燃やしていたのでした。

でも、スタートさせた「夜さ来い祭り」を定着させるための活動をとにもかくにも10年やろうと決めると同時に、「10年経ったら、ニューヨークでやる」と心に決めていました。

２０１２年の夏、高知の「よさこい祭り」の全国大会のステージでも「東京・お台場の〝夜さ来い祭り〟は成功させました。次はニューヨークです。一緒に行きましょう」とアピールすると、みなさん拍手喝采。ニューヨーク、まだ何も決まっていないのに、です。

「有言実行」は私のモットー。言った限りは、やる。これは「自分の大きな特徴」として自覚していることですので、口に出して言う、というのは自分を奮い立たせる一つの方法なのです。根拠はないけれど、まず、やりたいことを言ってしまう。言葉に出したら叶う。そんな気がします。

よく、取材などで「なぜ、ニューヨークなのですか?」と聞かれます。それは、お台場に「自由の女神」があったから。確かに、10年後には東京とニューヨークが姉妹都市になって50周年という節目だな、ということはどこかで意識はしていました。でも、基本的には、私にとって「自由の女神」は海外との交流のシンボル。ですから、「夜さ来い祭り」を海外に発展させるのなら、その第一歩は自由の女神のニューヨーク、ということだったのです。

お台場に自由の女神があったから、と言うと、事務局長の糸川が「それじゃあ、お台場にマーライオンが立っていたら、シンガポールでやったんですか?」と合いの手を入れてきますが、それはお台場に何も立っていなかったら海外には出なかったのか、と言うのと同じ。お台場に自由の女神が立っていた、ということが私にとっては非常に大事だし、意味のあることなのです。

「世界の交差点」タイムズスクエアと出会う

２０１１年、「夜さ来い祭り」をお台場でスタートさせて約10年が経ちました。さて、いよいよニューヨークだぞ、というときに、あの東日本大震災。これは祭りなどやっている場合じゃない、ということで一年自粛。２０１２年になって、糸川とともにニューヨークの視察に飛び立ちました。

何のコネもありません。まさに「飛び込み」の形。でもニューヨークのどこでやるかは決めたい。どこでやるかが、成功かどうかを分けるポイントになると思っていました。日本人歌手が「ニューヨーク公演成功」とか言われて、よく聞いてみると小さなライブハウスでちょこっと歌っただけだった、というのはよくある話で、私はそういうことにはしたくなかった。ですから、実際自分の眼で見、自分の足で歩いて確かめ、決めたかったわけです。

いつもお世話になっている東京観光財団のニューヨーク支部を通じて紹介してもらったホテルの一つが、たまたまニューヨークの中心地タイムズスクエアのマリオット・マーキス。そこの担当者が日本人女性。このことが大きな転換点になりました。出会いは運命ですし、人も場所も、運命の出会いというのは、ある……。この出会いがなかったら、その後の展開はどうなっていたかわかりません。

マリオット・マーキスの鈴木千円子さん（以降、チエコさん）。最初は担当者として業務レベルの対応だったのですが、次第に私たちのやろうとしていることに親身になって相談に乗ってくれるようになりました。奇遇ですが、私と同い年。トラ年の大阪出身。やさしくて元気印という素敵な50代です。

ニューヨークで私と糸川は歩き回った末に、セントラルパークではどうか、ということになりましたが、この公園は何とも巨大すぎる。しかもけっこう深い森があり、ここに人は呼べないでしょう、ということでNG。

泊まっているホテルの前、つまりタイムズスクエアを眺めていると、さすがに「世界の交差点」と言われる場所。大繁華街マンハッタンの中でも、とりわけ人の流れが多いところで、1分間に4000人が訪れるとか。遊園地の「流れるプール」状態で人が流れていきます。夜もお祭り状態。

やっぱりここが一番ニューヨークらしいかな、という感慨はありましたが、とにかくまともに歩けないような混み具合ですから、まさかタイムズスクエアを借りて、ここでやる、という発想は持てませんでした。タイムズスクエアは世界の大企業が借りて、道路を封鎖してイベントをやる場所だという認識で、夢のような話として「ここできたらいいよねえ」と言っていただけの場所だったのです。

勝手に「タイムズスクエアに決めた」

ニューヨーク滞在中、いろいろな人に「いいところはないか」という話をするのですが八方ふさがり。ちょっと困った状態になったのですが、そういうときにはいつも必ず私の背中を押してくれる人が現れます。つまり、私の場合のそれは反発心や「はちきん魂」に火をつけてくれる「いやな人」「ヘゴな奴」系ということになるのですが、そういう人物がニューヨークにもいたのです。

ニューヨーク在住の日本人で、日本発のイベントを手がけてきた実績のある人だったのですが、対応の仕方がどうも私たちとは合わない。たとえば、ニューヨークで「夜さ来い祭り」という催事をやりたいのだが、タイムズスクエアではどうでしょうと訊くと、いきなり企画の内容も聞かずに「お金がかかりますよ」と言うのです。そして、日本の官公庁関係からもイベントをやりたいと言ってきたが、数千万円かかるよと言ったらあきらめた。タイムズスクエアはそういう場所なのだが、あなたたちはお金はどうやって工面するの？　と逆質問をしてきます。

もっともな話かもしれません。でも、そのときの態度が、いかにも私たちを見下げた感じ。「おたくたちが手を出すような場所じゃない。とっとと日本に帰りなさいよ」と言わんばかりの対応。そういう、すべてが上から目線のものの言い方は、アメリカでのビジネススタイルかもしれませんが、典型的な日本人である私などには、とてもダメ。

そのときは「わかりました」と引き下がりましたが、例によって「今に見ていろよ」という私の反発エネルギーのスイッチが入りました。

このアメリカンスタイルのイベント屋さんとは一生仕事しないだろうけれど、一つだけ「決めごと」をして、いったん日本に帰ろう、ということにしました。

その「決めごと」とは、「タイムズスクエアで〝夜さ来い〟をやることに決めた」。勝手に私がそう決めただけ。でも、そう決めたのです。

チエコさん、マリコさん……世界中の「いい人」と

「世界の交差点」タイムズスクエアで「夜さ来い」をやるには、数千万円かかるという話。でも、やり方は絶対あるはずだ。やれる、ということがわかっただけでも上出来だ。

直感ですけれど、これは必ずやれる……。

さまざまな思いを胸に東京に帰って、とりあえず来年、2013年のゴールデンウィークにニューヨークのタイムズスクエアで「夜さ来い祭り」を開催します、という発表をしてしまいました。ゴールデンウィークというのは、踊り子も含めてみんな予定を入れやすいだろうと思っただけで、具体的な段取りはその時点では何もありません。

でも、そうやって言ってしまうと、何となく物事が決まっていく。いつもそういう感じで物事が進んでいきます。

この発表を聞いた人たちは、「おお、とうとうやるのか」という感じで喜んでくれ

ましたが、時間はどんどんと流れていきます。そろそろ、具体的なアクションを起こさなくては、と思っているところに、マリオット・マーキスのチエコさんからメールが入りました。

「いい人がいるので、紹介します」

これまで書いてきたように、私の周りにはここぞというときに必ず「ヘゴな奴」か「いい人」が現れます。そのときは、このタイミングで「いい人」が現れてくれたか、という感じでした。それが、和田真理子さん（以降、マリコさん）でした。

同時にチエコさんは、タイムズスクエアを借りる方法も親切に教えてくれて、「ここに連絡するといいよ」と言って申し込み窓口の連絡先まで教えてくれたのです。その情報によると、向こうにもニューヨーク市とタイムズスクエアによる「まちづくり協議会」のような組織があるとのこと。

ただ、正式な申し込みといってもどういう書類が必要なのかわかりませんので、とりあえず日頃東京都とやり取りしている書類のパターンをニューヨーク用に置き換えて英文にし、ビジネス英語、英文契約書などに詳しい人に見てもらいながら企画書を作成し、先方の窓口に送付したのでした。

同時に、ニューヨーク市長にも手紙を書いたほうがいいというアドバイスをしてくれる人もいて、これも事務局長の糸川が書いて国際郵便で送りました。

まるで都知事に書いて出すような感覚で作ったニューヨーク市長への手紙でしたが、なんとなんと、本当に当時のニューヨーク市長、ブルームバーグさんから返事の手紙が届いたのです。

「よさこい祭りを開催するのは喜ばしい。楽しみにしています」という文面で、ご本人のサインが添えられていました。この手紙は今、私の宝物になっています。

マリコさんはウォール街の金融会社で広報の仕事をしていた人で、私よりちょっと年上。若い頃からアメリカ住まいですから、感覚的には完全に向こうの人ですが、私とは初めて会ったときから意気投合。

「OK、わかった。今すぐやりましょう」

こう言って、ニューヨーク市役所に一緒に向かってくれたのでした。企画と心意気を信じてくれた、ということで私は躊躇せずにニューヨークに飛んできてよかったと思ったものでした。

ただ、気づかされることもありました。それはあいまいな日本人的態度とつたない英語のせいなのですが、「自分はこのことができるのか、できないのか」がマリコさんにきちんと伝わらない、というのです。

日本人がよくやる、イエスかノーかよくわからない態度。それをまた、つたない英語で繕おうとする態度。「できないならできないと、はっきり言ってね」とマリコさんにアドバイスされたことが身に沁みます。

「曖昧さを残したまま進めるのが一番いけない」「私は、できるものはできる、できないものはできないと言いますからね」

マリコさんの声が今も耳の奥に聞こえています。

13時間かけて飛んでいったニューヨークの地で、チエコさんとマリコさんという「尊敬できるいい人」と出会えたこと、知り合えたことは、私の一生の宝物になりました。本当に出会いは「宝物」です。

チエコさんやマリコさん、音響関係で協力してくれたビンセントさん・パットさん夫妻などなど、多くの方々に助けられて、資金もない、海外での開催方法も知らない私たちが、ニューヨークのタイムズスクエアという夢のようなスポットで「夜さ来い祭り」の踊りを繰り広げるという思いが実現することになりました。2013年4月

28日11時からの3時間……。

タイムズスクエア年末の名物行事「カウントダウン」でおなじみの東芝ビジョンが事前告知・当日告知の協力をしてくださったことも好結果につながりました。

もちろん、「数千万円、用意できるかな?」と見下したように言った例のイベント屋さんにも、開催日時決定時点でメールで通知。返信にびっくりマークが三つ並んでいました。

大感激のタイムズスクエア。「はちきん魂」「よさこい魂」の本懐

2002年、たった10人で始めた「ドリーム夜さ来い祭り」。会場はお台場から丸の内、有楽町と広がり、東京スカイツリーや羽田空港でもプレイベントを開くなど、今や「東京の顔」と言われるような催事となりました。

ただ、ここまで書いてきたように、私は「ドリーム夜さ来い祭り」がこの10年で催

事として定着したら必ずニューヨークでもやろうと決めていたわけです。ですから、2012年こそそのときと考えて準備に入ろうとしていたのですが、2011年3月11日、東日本大震災とそれに続く原発の事故という未曽有の事態が発生。大変な出来事であったことは、改めて書くまでもありません。もちろん、私たちも動きを自粛する方向となりました。

このことを受けて、ニューヨーク公演はその先の2013年の春と思い定め、私たちなりの準備に入ったことは、前項までに紹介してきた通りです。

そうして、2013年4月28日11時から3時間のニューヨーク・タイムズスクエア公演が決定。前日にニューヨークに入るという日程で、「ドリーム夜さ来い祭り」オフィシャルチームと東京、神奈川、静岡の計4チーム、それに福島からの参加者を合わせた50名の踊り子隊が羽田空港からアメリカン航空機で出発したのでした。

ただ、この機内でも、いや、ケネディ空港に着いて、ニューヨーク市内に向かうバスの中でも、そこで踊ることは決まっていると頭ではわかっていても、「本当にタイムズスクエアで踊るんだ」という実感は誰も持てていなかったのではないかと思います。つまり、まだ夢の中。

たぶん、テレビの画面でしか見たことのない、ネオンキラキラの、多くの人がひしめくように移動していくあのタイムズスクエアで踊る、ということをリアルに受け止めよ、というほうが無理だったのでしょう。でも、宿泊先ホテルであるマリオット・マーキスに着けば、もうそこはタイムズスクエア。夢の現場です。チーム全員の士気が一気に上がりました。

さらに、大晦日のカウントダウンイベントでは世界の10億人以上が注目するということで知られる、あの「東芝ビジョン」に本当に「DREAM YOSACOY MATSURI」の告知文字と開催日時が浮かび上がったこと、そして、それを実際に目にできたことで、私たち全員が大いに勇気づけられたのだと思います。

当日。4月28日（日本時間29日）午前11時。昼間のいい時間帯、ちょっと汗ばむような晴天の下、私たちに現地ニューヨークのチームを加えた約60人の踊り子がタイムズスクエアに勢ぞろい。日本・東京の文化をニューヨークから発信する、あるいは東京とニューヨークの姉妹都市としての交流を促進するといったテーマで東京都や観光庁、在ニューヨーク日本国総領事館などの後援を得ましたが、その総領事館広報センター長・相《あい》航一さんにも開会セレモニーで温かい祝辞をいただきました。

私は、段取りの打ち合わせ、司会進行と大忙しでしたが、もちろん踊りにもフル出場。音楽が始まり、高知ではフラフと呼ぶ大旗が振られ、一斉に鳴子が鳴り、踊りが始まると、あとはもう無我夢中。10年来の夢が実現した大感激の中、許された3時間を踊り続けました。

観客の中には笑顔のチエコさんもいましたし、マリコさんはスタッフとして手伝ってくれましたが、それよりも何よりもびっくりしたのが広場を囲んだ人々の反応のよさ。タイムズスクエアは多いときには一日に数十万人が往来すると言われていますが、この「ドリーム夜さ来い」のパフォーマンスは10万人が見たという評価。しかも、往来しながらチラッと見るというのではなくて、立ち止まったり、座ったりしながら見ていたというので、これは非常に珍しいことだったと現地の人から聞きました。

それだけではなく、さらにうれしかったのは、日本から持っていった1万組2万本の鳴子がすべて観客の手に渡り、私たちの踊りに合わせてそれを鳴らしてくれたこと。「世界のよさこい」を実感した一瞬でした。

さらにさらに、私を感激させたことがあります。本場・高知で今も踊られている「正調よさこい鳴子踊り」のワークショップで一緒に踊りましょうという呼びかけを観客のみなさんにしたのですが、これに数百人の方々が応じてくれたこと。老若男女、さまざまな国籍の方がいたと思います。そのみなさんが私の指導で、鳴子を鳴らしながら「ヨッチョレヨ、ヨッチョレヨ！」とやってくれたわけです。

本当は、これが私の夢だったのかもしれません。「高知で生まれた〝よさこい〟が、東京で育ち、世界に留学し、広がっていく」と私はよく言っていますが、まさにこのときの光景が私の「はちきん魂」「よさこい魂」の本懐だったかもしれないな、と思うのです。

世界中の街で「踊れば夢は叶う」

ニューヨークの視察から始まり、さまざまな交渉を重ねた一年でしたが、長かったような短かったような不思議な時間帯だったような気がします。ただ、このことを「わずか一年で」と驚いてくれる人もいますので、きっと短い時間での成功だったのでしょう。

その中では、「そんな企画、実現できっこない」とか「君たちには不相応な企画だから、もう少しあとにしたらどうか」など、批判的なご意見も多々いただきました。でも、私たちの気持ちはまったく揺るぎませんでした。だからこその「わずか一年」だったのかもしれません。

続いて、翌2014年もニューヨーク公演が実現することとなりました。この年はタイムズスクエアが工事中ということもあって「今回は見送りかな」と思っていたところ、「お台場以来」のお付き合いをいただいている三菱地所さんの協力で、4月27日にタイムライフビル前広場での第2回「ドリーム夜さ来い祭りinニューヨーク」開催の運びとなったわけです。このときも日本からやってきた「よさこい」チームのスピーディな踊りと、観客を巻き込んだ総踊りの迫力に「クール!」「ブラボー!」の声援が続きました。

こうした中、私は私の理念に沿った「ニューヨークのチーム」を作り、「ドリーム夜さ来い祭り」の継続的な開催と本格的な普及、現地化を図りたいと考えて、2015年はその準備期間、2016年の5月に第3回開催と位置づけました。耳の中では、ずっとみなさんの声援が響き続けています。

そして、この「ドリーム夜さ来い祭りinニューヨーク」の実現を契機に、運営組織を従来の実行委員会から財団法人に衣替えし、私が理事長に就任しました。「一般財団法人ドリーム夜さ来い祭りグローバル振興財団」。この進化した新しい体制のもとで、世界中に「ドリーム夜さ来い祭り」を広げていきたいと思っています。そして、現地でも「夜さ来い祭り」を担う踊り子チームや運営組織を育てていきたいと願っています。キーワードは「現地化」です。

開催地についても、たとえばシンガポールのオーチャード通りとかパリのシャンゼリゼ通り、ロンドンのリージェント通りなんかもいいなあ、と例によって勝手に夢を広げていて、例によって糸川事務局長をアタフタさせています。

また、2020年の東京五輪・パラリンピックの開会式で「東京の顔」として踊るという夢も語り続けています。

でも、ここまで書いてきたように、「踊れば夢は叶う」というのは本当です。そして、このことは、私だけの本当ではなく、みなさんの本当でもあるはずです。

ご存じのように、「ドリーム夜さ来い祭り」の参加チームの母体は、「町内会・商店街チーム」「企業・法人チーム」「インターネット公募者チーム」「小・中・大学・専門学校などの学校チーム」「障害者チーム」「海外・外国人チーム」「親子チーム」「友人・趣味・仲間チーム」などなど、まさにボーダーレスでグローバル。そして、祭りの最大のコンセプトは「一人ひとりが、祭りの主役」なのです。

ぜひ、みなさんとともに、大きな夢を実現したいと思います。いかがでしょうか。全国各地のあなたの町で、世界の街の大通りで、五輪・パラリンピックの会場で、〝よっちょれよ〟の「よさこい魂」を胸に、鳴子を手にして踊りながら、ぐんぐんと前進してみませんか。

▲2013年4月28日、ドリーム夜さ来い祭り立ち上げから10年来の夢であったニューヨーク公演が「世界の交差点」タイムズスクエアで実現。10万人の観客を魅了した3時間。

▲タイムズスクエアの名物「東芝ビジョン」の大画面に「DREAM YOSACOY MATSURI」の文字と開催日時の告知がくっきりと浮かび上がった。

▼よさこい発祥の地・高知への敬意をこめて「正調よさこい鳴子踊り」のワークショップも行われ、子どもから年配者まで数百人が参加。「世界のよさこい」の交流が広がっていく。

あとがき

今は親しくしている母に、「ちさと」という私の名前の由来を尋ねたことがあります。母の答えは、「もともとは、千里という漢字を考えて、それこそ千里の道を堂々と歩んでいけよ、ということだったけれど、千里をひらがなにすることで、もっとゆったりと歩んでいけよ、というニュアンスを付け加えたかったから」ということでした。

しかし、そういう意味合いで命名してくれた人にしては、若い頃の母は、私に「いばらの道」を用意してくれたということになります。

一時期は、「親に捨てられた」と思いました。それくらい、15、16歳くらいまでの私の人生は、きわめてシヴィアなものがありました。母に対しては、「ほんとによく鍛えてくれたねえ」という感慨を今でも持っています。

今、私は「夜さ来い祭り」継続のキーワードを①「想定外の事態にもひるまない

〝サバイバル力〟」、②「過去にとらわれず柔軟に変化する〝対応力〟」、③「困難に打ち勝つ〝ぶれない力〟」の三つにまとめていますが、まさにその三つのキーワードは、図らずも母が開いてくれた「いばらの道」に鍛えられる中でつかんだものでした。

そして、もう一つ、そういう私を育て、成長させてくれたのがダンスであり、地元高知の「よさこい祭り」「よさこい鳴子踊り」でした。

とりわけ「よさこい祭り」の踊りは、手にした鳴子を気持ちよく打ち鳴らしながら、踊りながら、街中の大通りをぐんぐんと前進していくというユニークなもの。普通の盆踊りは櫓《やぐら》を中心に輪になって回りますし、踊り自体もお決まりの振り付けをみんなで一緒にいっせいに踊るという形。郡上《ぐじょう》踊りや佐渡おけさ、河内音頭など、伝統的な盆踊りはみんなそうですし、炭坑節や東京音頭といった現代の民謡で踊る盆踊りも、同様の形になっています。

そういう点では、ぐんぐんと前進する「よさこい」は、まさに戦後生まれの市民の祭りというコンセプトを象徴しているように思えますし、近年の自由な振り付けで踊りながら前進するという形は、私にはぴったりだったと思います。

踊れば楽しい、踊れば無になれる、そして、踊れば自分を表現できる、上手とか下手とか才能とかは関係なし。踊れば夢は叶う。好きなことをやる。これは、私の「はちきん魂」五十余年の半生の中でつかんできた「よさこい魂」の実感です。

私の中学生時代、ディスコでダンスを踊っていれば不良と言われました。それが時代は変わり、今はダンスが学校の必修科目。学校の先生が一生懸命ダンスの練習をする時代になりました。

ダンスで自分を表現できる今の子どもたちは幸せだと思います。ぜひ多くのみなさんに「踊れば夢は叶う」を実感していただきたいと思います。

ただ、夢を叶えるためには、生き残らなくてはいけません。先の「継続のキーワード」にも出しましたが、肝心なのは「サバイバル」。生き残り。生き残るかどうかは水物で、毎回勝負。ですから何事にも真剣勝負。この意識が大事だと思います。生き残っていれば、何とかなりますし、人生も変わります。

言葉を換えれば、敗者復活戦がある、ということ。ときには負けることもあります。でも、一回ぐらい負けても、またチャレンジすればいい。最後に笑えばいいし、最終的に勝ち越せばいい。これも、生き残り、サバイバルです。

もちろん、つぶれそうになることも多々あります。でも、毎回真剣勝負、一生懸命、正直に生きていれば、必ず「いい人」が現れてくれます。手を差し伸べてくれます。

そういう意味では、人生は「いい人」に出会うためにあるのかもしれません。出会いは「宝」。これは本当です。私も、「いい人」に恵まれて、ここまで生き残ってこれたのだと思います。支えてくださったみなさんに感謝しています。

そして、本文にご登場いただいた方の他にも、尾﨑正直高知県知事をはじめとする高知県関係の方々、東京都関係の方々、鈴木滋彦キヤノン電子テクノロジー株式会社会長、三菱地所株式会社、高知さんさんテレビ、産経新聞社、YOSAKOI JAPAN全国連絡協議会のみなさんなどなど、多くの方々のご協力に恵まれて、ここまでやってくることができました。

同じく、現在の「一般財団法人ドリーム夜さ来いグローバル振興財団」の各セクションを支えてくださっている方々がたくさんいらっしゃいます。

みなさんに大感謝。

私は「いい人」に恵まれました。

最後に、勝手ばかりの私を支えてくれている最高の「いい人」、うちの主人に感謝し、また本書の刊行に尽力していただいた編集工房・鯛夢の谷村和典さんに謝意を表しながら、筆をおきたいと思います。
みなさん、ありがとうございました。
本書を最後まで読んでくださった読者のみなさま、ありがとうございました。

２０１５年10月の佳き日に

扇谷ちさと

著者プロフィール

扇谷ちさと(せんたに・ちさと)

1962年、高知市生まれ。

一般財団法人ドリーム夜さ来い祭りグローバル振興財団理事長。

高知県観光特使。

16歳よりジャズダンスを始め、19歳でインストラクターとして独立、スタジオ「ワークダンシング」を設立して代表に。同時に、高知よさこい祭りのよさこい鳴子踊り振り付け指導などを各チームで手がける。

20歳から「ワークダンシング」チーム（踊り子150名）として高知よさこい祭りに出場、以降、8年間連続出場。

27歳で上京。東京の「ティップトップ」のジャスダンス・エアロビクスインストラクターとして活動。

1999年に首都圏よさこい普及チーム「TOKYO夜さ来いCOMPANY(東京よさこいカンパニー)」を創立し代表就任。

2002年の創立時より首都圏夜さ来い祭り振興協議会会長・ドリーム夜さ来い祭り実行委員長を務める。

2013年、「ドリーム夜さ来い祭りinニューヨーク」をタイムズスクエアにて世界に先駆けて単独初開催。

2014年、一般財団法人ドリーム夜さ来い祭りグローバル振興財団の設立と同時に理事長就任。

首都圏のよさこいチームのプロデュース、よさこい鳴子踊り振り付け講師、首都圏の祭り普及、TVやセレモニー・MICE関連のイベント催事への出演など、その活動は多岐にわたる。

よさこい魂 踊れば夢は叶う
2015年10月20日　第1刷発行

著　者　扇谷ちさと
発行人　見城 徹
編集人　福島広司

GENTOSHA

発行所　株式会社 幻冬舎
〒151-0051 東京都渋谷区千駄ヶ谷4-9-7
電話　03(5411)6211(編集)
03(5411)6222(営業)
振替00120-8-767643
印刷・製本所　株式会社 光邦

検印廃止

ISBN978-4-344-02848-7　C0095
幻冬舎ホームページアドレス　http://www.gentosha.co.jp/

この本に関するご意見・ご感想をメールでお寄せいただく場合は、
comment@gentosha.co.jpまで。